Martin Schörle

»NICHTALLTÄGLICHES AUS DEM LEBEN EINES BEAMTEN«

und

»EINLADUNG ZUM KLASSENTREFFEN«

Zwei Theaterstücke

Engelsdorfer Verlag
Leipzig
2016

Bibliografische Information durch die Deutsche Nationalbibliothek:
Die Deutsche Nationalbibliothek verzeichnet diese Publikation in der
Deutschen Nationalbibliografie; detaillierte bibliografische Daten sind im
Internet über http://dnb.dnb.de abrufbar.

ISBN 978-3-96008-408-2

Copyright (2016) Engelsdorfer Verlag Leipzig
Alle Rechte beim Autor

Titelillustration: Ronny Peiser

Hergestellt in Leipzig, Germany (EU)
www.engelsdorfer-verlag.de

9,50 Euro (D)

Nichtalltägliches aus dem Leben eines Beamten 7

Einladung zum Klassentreffen 55

NICHTALLTÄGLICHES AUS DEM LEBEN EINES BEAMTEN

Personen: Fredenbek (ein Beamter, wie er überall vorkommen kann), Kollegen, die »Polonaise Blankenese« grölend durch das Büro poltern, ggf. die zum Schluss nur als »Stimmen« bezeichneten Kollegen

Musik: »Spiel mir das Lied vom Tod« (Ennio Morricone), »Je t'aime« (Jane Birkin), »Highway to hell« (AC/DC), »Fanfare for the Common Man« (Emerson, Lake & Palmer), »Gonna Fly Now – Theme from Rocky« (Bill Conti), »Living next door to Alice (Who the fuck is Alice)« (Smokie)

Ich stelle mir vor, Fredenbek ist ein verheirateter Beamter der gehobenen Laufbahn (wobei »verheiratet« primär auf seinen Beruf zu beziehen ist), der nach Jahren eine herausgehobene Position in der behördeninternen Hierarchie erreicht hat – den laut Beamtenrecht vorgeschriebenen Regelbeförderungen sei Dank! Ein nach außen unscheinbarer, penibler und zugleich hektischer Typ in den Endvierzigern; ein permanenter Unruheherd, der entgegen allen Bemühungen denkbar uneffektiv und unbeholfen agiert und dessen Handeln deshalb immer wieder in kuriosen Misserfolgen mündet. Er ist krampfhaft bemüht, alle eventuell eintretenden Szenarien vorherzusehen, um sie zu vermeiden oder zu seinen Gunsten zu wenden. Aber die Realität beschert ihm genau das Gegenteil: Regelmäßig die falschen Schlüsse ziehend, verheddert er sich zusehends in seinem ganz eigenen Gedankengewirr. Seine Aufmerksamkeit richtet sich mehr und mehr auf (teilweise absurde) Details seines Berufs – Aktenzeichen, Dienstverordnungen, statistische Erhebungen. Mit fortschreitender Spieldauer wird deutlich, dass sich Fredenbek aus dem Leben jenseits seines Büros nahezu völlig verabschiedet hat.

Vor allem aber wird schonungslos aufgedeckt, dass es zwischen Slapstick und Tragik eine Nahtstelle gibt. Und dass diese Nahtstelle einen Namen hat. Und dass dieser Name Hans Fredenbek ist.

Das Bühnenbild zeigt ein lieblos und funktional eingerichtetes Büro, in dem sich im Wesentlichen ein Schreibtisch mit Telefon und Stuhl befinden, dahinter ein alt aussehender offen stehender Aktenschrank mit einigen Ordnern. Auf einem Aktenbock steht ein Faxgerät. An der ansonsten kahlen, bilderlosen Wand hängt nur ein riesiger Wandkalender. Einziger »Farbtupfer« ist ein einfacher rot-gelber Kassettenrecorder, wie er sich früher oft von Kindern gewünscht wurde. Etwas abseits steht ein Trimm-Laufband, auf dem Lenker liegt ein Handtuch.

(Fredenbek tritt auf. Er eilt sofort zum Schreibtisch, stellt seine Aktentasche ab, entnimmt das Pausenbrot, sucht den ganzen Tisch hektisch ab und schreckt auf.) Siehste … siehste … weg! Geahnt hab ich das. Geahnt! Das Gummi liegt immer hier *(deutet auf eine mit einem Kreuz markierte Stelle auf dem Tisch)*, wissen Sie. Gottchen, wenn ich jetzt radieren muss und hab keinen … das macht mich ganz fuchtelig, macht mich das! *(Ins Publikum)* Ich weiß, was Sie jetzt denken. Nein, es ist eben nicht damit getan, ins Nebenbüro zu gehen und mir dort eins zu holen. Die Annahme, alle Radiergummis seien gleich, gehört zu den weitest verbreiteten Irrtümern. Dem trete ich mit aller Entschiedenheit entgegen.

Angefangen habe ich mit diesem roten von Rhadon mit blauem Kern … an der Seite so gelb, wissen Sie. Meine Meinung: höchst unprofessionell. Zu hart, zu starr, viel zu aggressive Wirkung aufs Papier. Beschädigt es nur, ohne erkennbaren Radiereffekt.

Dann diese durchsichtigen von Kleber: papierschonender, bessere Radierung. Aber bröselig, sehr bröselig. Die Ablage am selben Ort ist unerlässlich. Die sind ja praktisch unsichtbar. Sie passen sich chamäleonartig ihrem Umfeld an und entziehen sich damit immer wieder ihrer zweckentsprechenden Verwendung. Damit unterstelle ich ihnen keineswegs … Arbeitsverweigerung oder gar feindselige Motive. Sie tarnen sich zum Selbstschutz, um nicht völlig … verbröselt zu werden. In extremen Situationen – wenn man fuchtelig wird, weil man es nicht findet – vermutet man allerdings schon, dass es einen insgeheim verhöhnt. Da ist dem Gummi eine oppositionelle innere Haltung anzuspüren. Etwas Kontraproduktives, sich Verweigerndes. Fehlt nur noch, dass die sich gewerkschaftlich organisieren. In diesen Momenten degeneriert man sozusagen zur Marionette seines eigenen, momentan unauffindbaren … Gummis. Das ist demütigend, sage ich Ihnen. Sie können es noch nicht mal zielgerichtet beschimpfen oder darauf herumtrampeln, weil Sie nicht wissen, wo dieses verfluchte Ding sich versteckt hält. Sie müssen die Contenance wahren, sonst kommt es nicht wieder. Es kann ohne Sie – aber Sie nicht ohne es. Sie müssen ihm ... also es ... das Gefühl geben, dass es ohne ihn ... es ... also, dass er ... ich ... ihm ... Entschuldigen Sie, ich bin völlig überarbeitet. Ich wollte sagen: Das Gummi gibt Sicherheit, auch wenn man es nicht benutzen muss. *(Bückt sich unter den Schreibtisch)* Komm, put, put, put ... na, komm ... komm zu Herrchen, komm, mein Kleines. *(Kommt wieder hervor. Plötzlich gelassener, fast verständig)* Wissen Sie, was wirklich tragisch ist? Dass Radiergummis sich Zeit ihres Daseins in einem ausweglosen Interessenkonflikt befinden: Einerseits rüttelt der Wille nach freier Selbstbestimmung unaufhörlich an den Gitterstäben, andererseits verlieren sie durch bestimmungsgemäßen Gebrauch zwar das Zwangskorsett der Verpackung ... aber auch an gegenständlicher Substanz ... Die Dinge nehmen ihren unabwendbaren Lauf ... Die empfundene existenzielle Bedrohung ist ... real ...

(Mit leuchtenden Augen, betört) Heute nehme ich diese weißen von Homann. Jungfräulich und rein. Kleine Lolitas. Wie sie daliegen, so unschuldig. Aber das ist es ja gerade! Dieses <u>vermeintlich</u> Unschuldige, Unberührte impliziert <u>tatsächlich</u>, gewissermaßen hintergründig, die Aufforderung zuzugreifen. Unhörbar flüstern sie: »Nimm mich, benutz mich, rubbel mich.« Man kann sie hin und her biegen, sehen Sie, so *(deutet es mit den Händen an)*; solange man sie nicht zerbricht, genießen sie es. *(Wird fahrig, erregt)* Sie kokettieren wie weiße, geschmeidige, unbekleidete Mädchenkörper am Strand. Anmutig und feminin. *(Verträumt)* Beschwingte, frühsommerliche Stimmung ... leichte, bekömmliche Weine ... mediterrane Barfußläufigkeit. Zarte, sich öffnende Knospen im Morgentau. Tausende und Abertausende taumelnder, träufelnder Tropfen, die besinnungslos an elfenhaften Körpern hinabgleiten, sich – von geheimsten Sehnsüchten getrieben – ihren Weg bahnen, um buchstäblich unter die Haut zu gehen, einzudringen; um für einen Moment nur das zu fühlen, was Sprache nicht mit Worten auszudrücken vermag. Die oberflächliche Beschaffenheit von Homann-Gummis fühlt sich an wie ... ähm ... wie die fleischgewordene Versuchung. Sie wissen, dass man da nicht widerstehen kann, diese kleinen

Luder. Herrgott, ich bin auch nur ein Mann! *(Verzweifelt)* Wo bist du, du Miststück? *(Schreit)* Miststück!!!!!!!! *(Hält sich die Hände vor das Gesicht, dann wieder gefasster)* Entschuldigen Sie vielmals. Das war unangemessen. Verzeihen Sie. Trotzdem sag ich Ihnen was: Die Natur ... oder Gott ... ganz wie Sie wollen ... hat im Zuge seiner ... Schöpfungsarbeiten bewusst die Verschiedengeschlechtlichkeit eingerichtet, damit die Menschen – ungeachtet des Nebeneffekts der Fortpflanzung – zu sich selbst finden und ihre Freude aneinander haben. Back to the roots, wenn Sie so wollen. Die großen Liebesdramen dieser Welt – ohne Verschiedengeschlechtlichkeit gäbe es sie nicht: Adam und Eva ... Romeo und Julia ... Sissi und ... ja ... Sissi ... Winnetou und Apanatchi ... Auch nicht diesen Dornenvögeln. *(Schneller, dabei leiser und monotoner werdend)* Auch nicht Flora und Fauna, Hanni und Nanni, Aronal und Elmex, Karius und Baktus, Siegfried und Roy, Hennes und Mauritz, Theorie und Praxis ... *(Plötzlich aufbrausend)* Hören Sie mir überhaupt zu?! Ganz zu schweigen von rezessiven Tendenzen in der Wirtschaft bis hin zum Aussterben ganzer Wirtschaftszweige und der damit verbundenen Arbeitsplätze. Ich denke an die Hersteller von Reitpeitschen, Handschellen, String-Tangas ... Radiergummis.

(Wieder gefasster; misstrauischer Blick ins Publikum) Unterschätzen Sie mich nicht. Es könnte nämlich sein, dass ich in jenen wenigen Minuten, in denen Sie gemächlich Platz genommen haben, ein Referat mit ... zunächst belächelten, bei näherer Betrachtung aber als revolutionär eingestuften ... Lösungsansätzen zum Thema »Verwaltung im Wandel der Zeit – Ausblick und Neuorientierung unter Berücksichtigung wirtschaftlicher, sozialer und ökonomischer Aspekte« ausgearbeitet ... den zuständigen Fachgremien im Ministerium per Fax vorgelegt ... und ... vorausdenkend ... die zugehörigen Ausführungsbestimmungen für die Anwendung in der Praxis formuliert habe. Ein komplexes, bahnbrechendes ... ja zukunftweisendes Werk, auf das man noch nach Jahren zurückgreifen wird. Das könnte doch, allen Wahrscheinlichkeitstheorien zum Trotze, sein.

Ebenso könnte ein … im Übrigen unbescholtener und bis dahin unauffälliger … lebensmüder Mitbürger … von sagen wir mal … Anfang vierzig, verheiratet, Steuerklasse III, Bezieher von Kindergeld nach dem Bundeskindergeldgesetz für zwei schulpflichtige Kinder, also zum Beispiel ein Tankwart oder ein Kollege aus der Zentralbibliothek … ähm … exakt dieser Mitbürger könnte soeben von seiner Frau verlassen worden sein. Was für sich genommen noch keine Verstimmung auslöste, sondern durchaus lebensbejahende Erwägungen, die sich mit der Gestaltung eines neuen, aufregenden Lebensabschnitts befassten. *(Mit ernster Miene)* Aber: sie hat auch seinen geliebten Hund mitgenommen. Einen Neufundländer, der ihnen im letzten gemeinsamen Norwegenurlaub zugelaufen war. Oder vielmehr, der sich verlaufen hatte und verloren gewesen wäre, wenn er den armen, völlig entkräfteten Kerl nicht aus dem Fjord gezogen hätte. Ein rechtschaffener, durchschnittlich begabter – mithin repräsentativer – lebensmüder Bürger also, der eigentlich die Notrufzentrale für Selbstmordgefährdete anrufen wollte … wo aber permanent besetzt war … oder nur ein Band lief. Oder er hat sich in seiner verständlichen Aufregung verwählt … und ist zu seinem Glück bei mir gelandet … bei mir, dessen edelmütiges Retterherz, gepaart mit einem ausgeprägten Selbstverständnis von umfassender Diensterfüllung auf derartige Sondersituationen jederzeit vorbereitet ist. *(Plötzlich ganz sachlich)* Wussten Sie, dass es unmöglich ist, durch Luftanhalten Selbstmord zu begehen? Hingegen können Kalmare Selbstmord begehen, indem sie ihre eigenen Tentakel verschlingen.
(Wieder emotionaler, insistierend) In jenen wenigen Minuten, die Sie lediglich damit zugebracht haben, Platz zu nehmen, konnte ich diesen bedauernswerten Menschen nicht nur dazu bringen, von lebensbeendenden Maßnahmen abzusehen, sondern auch dazu, sich seinen Trainingsanzug überzuziehen (was sich schwierig gestaltete, da nur seine Frau wusste, wo er lag), sich in ein nahe gelegenes Fitnessstudio zu begeben, dort zweckbestimmt zu agieren und auf Grundlage eines daraufhin regenerierten Zustandes völlig neu zu disponieren. – So unwahrscheinlich dies auch ist, ist es andererseits keineswegs abwegig.

Bei mir hat alles seinen festen Platz. Alles andere nährt das Chaos und wo das hinführt, wissen wir ja: Anarchie! Und … *(zum Publikum)* wollen Sie das? Ich frage Sie: Wollen Sie das wirklich? »Ja, ja«, werden Sie sagen, »der Mann ist ja nicht spontan, nicht kreativ, der reinste bürokratische Penetrant!« Und ich sag Ihnen was: Sprachlich korrekt heißt es »Pedant«. *(Ins Publikum)* Das ist doch das Gleiche, meinen Sie? Was ähnlich klingt, muss ja gleich sein, hm? Wäre es Ihnen denn auch gleich, ob Ihre Tochter Praktikantin im Waisenhaus ist – oder im Weißen Haus?! Im Übrigen hab ich auch nichts gegen Spontaneität. Aber zwischen 7.30 und 16.15 Uhr sollte auch Spontaneität wohlüberlegt sein und nur bei passenden Gelegenheiten in angemessener Dosierung verabreicht, also … praktiziert werden.

Und was die Kreativität betrifft – was glauben Sie eigentlich, was ich den ganzen Tag hier mache? Gegenüberstellen von Einnahmen und Ausgaben, die eigenverantwortliche Prüfung von Jahresertragsaufstellungen und Schlussabrechnungen … und dann – kurz vor Dienstschluss – dieser erhabene Moment, die absolute Gewissheit, dass alles stimmig ist … dass aus einer Flut einzelner Zahlen, die – jede für sich genommen – gar keine Existenzberechtigung haben … geschweige denn eine Aussagekraft … die sich, wie beim Glücksspiel, scheinbar zufällig begegnen … wohlgemerkt: ich sage scheinbar … die augenscheinlich jeden sachlichen Bezug vermissen lassen … deren kausaler Zusammenhang sich auch dem fachkundigen Betrachter nur mühsam erschließt … dass aus alledem ein sinnvolles, wunderbares Ganzes gewachsen ist. Ein Kunstwerk für Insider, gewissermaßen. Wenn das keine Kreativität ist, dann weiß ich nicht, was Kreativität ist!

Ein stimmiger buchhalterisch ermittelter Tagesabschlussbetrag führt in der Regel zur Vollkommenen Beamtenbefriedigung, kurz VBB. Das dadurch aufkommende Hochgefühl ist zwar nicht intensiver, hält aber länger vor als beim … körperlichen Sex. Es ist sozusagen konservierbar. Es muss ja auch nur bis zum nächsten Tag reichen, wo es nahtlos in die Vorfreude auf den neuen Tagesabschluss übergeht. Das sind geheimste Freuden. Kaum mitzuteilen. Problematisch wird's nur an Wochenenden und im Urlaub. Wenn meine Frau verreisen will, mutieren Urlaube mit einer ununterbrochenen Abwesenheit von der Dienststelle von mehr als einer Woche zu ernsthaften Krisen. Eine fiktiv in der Taverne erstellte Jahresertragnisaufstellung kann den realen Alltag nicht vollwertig ersetzen. Überall entspannte, urlaubsgebräunte, gut gelaunte Menschen. Ich bitte Sie, das ist doch nicht lebensnah!

Manchmal gehe ich zum Bahnhof unseres Urlaubsortes und setze mich dort aufs Klo. Das trifft es schon eher. Schlechte Luft ... die Menschen stehen unter Druck ... sind verärgert, weil sie Benutzungsgebühr zahlen müssen ... wenn man sich dann noch eine vor sich hin blubbernde Kaffeemaschine vorstellt, verdichtet sich das Ganze atmosphärisch dermaßen, dass ... *(Fällt sich selbst ins Wort)* Euphoriemindernd ist natürlich, dass solche Tagesabschlüsse keinen wirklichen funktionalen Nutzen haben.
Tjaja, wir fahren meistens nach Migliarino, einen kleinen Ort in der Nähe von Pisa. Wenn ich da am Bahnhofsklo ankomme, hänge ich als Erstes ein Schild mit den Sprechzeiten an die Tür. Darunter heiße ich alle Bürger willkommen mit einem freundlichen »Faccia come se fosse a casa tua« ... »Fühlen Sie sich wie zu Hause«. Die Zeit bis zum offiziellen Beginn der Sprechstunde, ich meine: bis der erste Bürger ... also Passant ... kommt, nutze ich dazu, meinen Kassettenrekorder *(zeigt auf den im Büro stehenden)* – kurze Erläuterung für die jüngeren Gäste: da kam früher Musik raus. Heute heißt so was ... Ei ... – auf dem Klodeckel zu positionieren und dann ... *(»Living next door to Alice« ist leise zu hören.)* Die »Who-the-fuck-is-Alice-Version«. Zwei Stunden non stopp. *(Erläuternd)* Als Stimmungsmacher im Hintergrund. Um sich das wirklich nahe zu bringen, müssen Sie sich den folgenden Dialog meinerseits als Mischwerk aus Deutsch, gebrochenem Italienisch und einigen Fetzen Englisch vorstellen.
Ferner wollen Sie mir bitte nachsehen, dass ich mich dabei etwas bewege. Wenn ich darüber berichte, muss ich mich einfach bewegen. *(Er betritt das*

Laufband und schaltet auf »langsam«; passt dann die Geschwindigkeit des Laufbandes der zunehmenden Emotionalität seines Vortrags jeweils an, sodass er zum Schluss rennt.) Der Aufsichtsbeamte hat sich vom ordnungsgemäßen Zustand des Laufgerätes …

Wird – endlich – von einem Passanten, der mein Klo benutzen will, erster Unmut geäußert … entgegne ich, ich könnte ihn nicht verstehen … Purtroppo non La capiso! … er möge sich – möglichst auf Deutsch – sauber artikulieren … oder sein Anliegen schriftlich vorbringen. Als zweiten Schritt nehme ich immer einen aktuellen Bezug, um ihn mitten in sein stolzes Spaghetti-Herz zu treffen. Das ist mittlerweile einfach: Er ruft auf Deutsch: »Wie long du nohte brakte?!«, und auf Englisch: »How long you still need, Maestro?!« Und ich antworte auf Italienisch: »Non dire stronzata! Wir sind Papst und ihr nicht!« *(Plötzlich sachlich erläuternd)* Ja, ja, Ratzinger ist ja nur pro forma abgetreten. Ist immer noch der erste Mann im Vatikan. Hat mir Snowdon gesteckt. *(Wieder emotional)* Das saß! … Es folgen erste Fußtritte gegen die Tür. Er ruft so was wie »La Traviata« … und ich: »Ziehen Sie eine Nummer, Sie werden aufgerufen … wenn Sie Glück haben.« Ich drehe »Alice!« lauter *(»Living next door …« ist jetzt lauter zu hören)* und vereinzelt hallt es schon von draußen zurück: »Alice! Who the fuck is Alice!« – Wo bleibt Bäumler? – Der Druck im Unterleib zehrt an seinen Nerven. Er ruft: »Mussolini!« Natürlich ruft er nicht wirklich »Mussolini«, aber als Ausländer verstehe ich ihn nicht: »Mussolini?! Quest'e' troppo! … Sie wollen diplomatische Verwicklungen, bitteschön.« Ich schiebe eine beglaubigte Kopie meines Dienstausweises nebst Anschreiben unter der Tür durch und fordere darin freies Geleit und ein Fahrzeug mit Chauffeur, das mich zur Deutschen Botschaft bringt. Endlich … endlich … endlich ruft er: »Scheißdeutscher!«, ich kontere: »Hey Mafioso, ab jetzt verhandele ich nur noch mit dem Paten persönlich und nicht mit seinem Lakaien!«, stemme mich vorsichtshalber gegen die Tür und wiederhole es so vier-, fünfmal. Und er: »Di cosa stai parlando? Sei stupido? Venite come finalmente fuori! Ma si può morire così come voi! Stupido stronzo! Avete buone maniere? Qualcosa di simile si Non ho mai sperimentato in tutta la mia vita!« *(Fredenbek versteht kein Wort.)* Und ich: Aha!! – Wo bleibt Bäumler? – Ich drehe den Rekorder voll auf. *(»Living next door ...« ist jetzt ganz laut.)* Der Klodeckel vibriert und die Menge skandiert: »Alice! Who the fuck is Alice!« Er rüttelt wie besessen an der Tür. Der Geräuschkulisse nach müssen sich mittlerweile so um die vierzig Personen versammelt haben. Das lautstarke Gespräch erschließt sich mir in Ermangelung ausreichender Sprachkenntnisse nur bruchstückhaft. Am häufigsten fallen die Worte »Botschaft« und »deutscher Beamter«. *(Plötzlich wieder sachlich)* Im Italienischen gibt es übrigens nur vier Worte, die mit »h« beginnen. *(Wieder emotional)* Kein Zweifel, ich habe sie am Kanthaken. Neuankömmlingen wird in groben Zügen der bisherige Sachstand mitgeteilt ... Ausländische Straßenmusiker glauben an ein Volksfest, holen ihre Gitarren und Flöten heraus und spielen mit, was das Zeug hält: »Alice! Who the fuck is Alice!« Der ganze Bahnhof – ein einziger gigantischer ... rhythmischer ... pulsierender Klangteppich! Aber plötzlich nehme ich in der Geräuschkulisse eine Veränderung wahr: Ich blicke unter der Tür durch. Da, endlich: Bäumler in Sicht! Ein Oberamtsrat der Steuerfahndung Passau, der seit seiner Pensionierung jeden Sommer in unserem Hotel verbringt, und für den auch meine Frau gewisse Sympathie hat. Dank Bäumler habe ich schon lange keine Gewissensbisse mehr, sie stundenweise allein zurückzulassen. Wieder einmal hat sie es geschafft – ob sie ihn dafür bezahlte? –, ihn auf mich anzusetzen. Bäumler kennt meine einschlägigen Aufenthaltsorte. Als ihn die ersten Töne von »Alice« erreichen, schlägt der 200-Kilo-Mann mit puterrotem Kopf eine Schneise durch die Massen, ja, die schwitzende Feuerwalze hält direkt auf mich zu. Die Menschen springen zur Seite wie Rehe, die vom Scheinwerferkegel erfasst werden. Wie immer ist sein erster Satz *(in bayerischer Mundart)*: »Fredenbek, kommen's raus!« Und ich wie immer: »Sie verwechseln mich. Ich kenne keinen Herrn Fredenbek! ... Io non conosco il signor Fredenbek.« Und er: »Ah, geh, hören's doch auf mit dem Schmarrn!« Ich blicke wieder unter der Tür durch: Ob ich dem kurz behosten Bäumler ein paar Beinhaare abreiße, die über seinen Ringelsöckchen hervorquellen ... deren Enden neue Haare gebären, an deren Enden wiederum Schweißperlen hängen? Ich schalte »Alice« aus, augenblicklich liegt eine gespenstische Stille über diesem Teil des Bahnhofs. Die Menschen bewegen sich verlangsamt. Wie in Trance. Eine schwerfällige, wogende Masse mit weit aufgerissenen Augen und Mündern. Ich will Bäumler, der mit Vornamen Lukas heißt, an dieser wunderbaren surrealen Stimmung teilhaben lassen *(mit der Stimme von Darth Vader)*: »Ich bin dein Vater, Lukas!«, werde aber von einer Durchsage übertönt: »L'ICE ha all'ingresso Napoli in pista quattro! … Der ICE nach Neapel hat Einfahrt auf Gleis 4!« Ich schalte »Alice« wieder ein – das Signal für alle, sich wieder in realer Geschwindigkeit zu bewegen, und für Bäumler, dass eine Kapitulation vor meiner Frau auch in diesem Jahr nicht stattfinden wird. Er entfernt sich schimpfend *(in bayerischer Mundart)*: »Jedes Jahr dasselbe mit dem Kerl. Alice – i kann's nimmer hören!« Das Staunen der Menge vergrößert sich noch, als sie den soeben gehörten Dialog wortwörtlich erneut hört; diesmal kommen beide Stimmen aus dem Klohäuschen *(in bayerischer Mundart)*: »Fredenbek, kommen's raus!« – »Sie verwechseln mich. Ich kenne keinen Herrn Fredenbek! … Io non conosco il signor Fredenbek.« – »Ah, geh, hören's doch auf mit dem Schmarrn!« – »L'ICE ha all'ingresso Napoli in pista quattro! … Der ICE nach Neapel hat Einfahrt auf Gleis 4!« – »Jedes Jahr dasselbe mit dem Kerl. Alice – i kann's nimmer hören!« Die Menschen nehmen den Rhythmus der Musik auf und singen wieder mit. Als pöbelnde Fans von Pisa Calcio nach verlorenem Heimspiel vorbeiziehen, rufe ich: »Alle Vereine in der Serie A sind korrupt!« Und nun (obwohl Pisa gar keinen Erstligisten hat) spielen sich vor meiner Tür Tumulte ab … So eile ich von Höhepunkt zu Höhepunkt, ein Feuerwerk der Emotionen, wenn Sie so wollen.

Das Beste, meinen finalen Vernichtungsschlag, hebe ich mir für den Schluss auf. *(Triumphierend)* Ich rufe: »Ich kann nichts dafür … Non e' colpa mia … Ich habe längst *(ruft)* Feeeer-tig!, Mafioso. Die Tür klemmt! Ich werde bei der Bauaufsicht beantragen, dass das Klo ganz geschlossen wird!«

Diese verblüffend einfache Problemlösung lässt erfahrungsgemäß das Interesse aller Mitwirkenden abrupt versiegen, die Menge löst sich auf und auch mein Kontrahent entfernt sich.

In diesem Moment öffne ich vorsichtig und werfe ihm noch eine Bemerkung nach, die ihn tödlich treffen soll: »Du lässt einen ausländischen Touristen im Klo verrecken, Bastardo?! Dann kann's ja nicht mehr lange dauern, bis euer blöder Turm …«, und noch während ich »gaaaaaanz umfääällt!« rufe, renne ich los wie verrückt und nutze auf diese Weise die gesamte Stecke bis ins Hotel als sportlichen Ausgleich. Ich bin die 4,8 Kilometer schon unter zweiundzwanzig Minuten gelaufen. Das ist nicht nur nicht schlecht für mein Alter, es ist sensationell … SEN-SA-TIO-NELL!!! *(Unter der Musik »Gonna Fly Now« und nun rennend brüllt er mehrfach wie entfesselt)* Adriaaaaan!!!! *(Erläuternd)* Das ist diese Frau aus den Rocky-Filmen, die nun … ähm … tot ist. Ich dusche, fasse die Ereignisse des Tages in einem kurzen Bericht zusammen, gebe ihn meiner Frau nachrichtlich zur Kenntnis und falle todmüde ins Bett. Müde – aber glücklich! GLÜCKLICH!!! Das, meine Damen und Herren, ist Vollkommene Beamtenbefriedigung … das ist VBB auf höchstem Niveau!!

(Er geht vom Laufband und wischt sich mit dem Handtuch den Schweiß von der Stirn. – Er schlägt die Hände vor das Gesicht, dann wieder gefasster) Entschuldigen Sie, die Spontaneität ist mit mir durchgegangen. Nicht zum ersten Mal heute Abend … Das ist mir wirklich unangenehm, das ist … ähm … dem Amte nicht angemessen. Ich lege Wert auf die Feststellung, dass es ohne meine willentliche Beteiligung geschehen ist. Etwas Fremdes hat sich meines Körpers bedient … mich benutzt … beschmutzt. *(Unsicher ins Publikum)* Wenn Sie einverstanden sind, streichen wir das aus dem Bericht. Es hat nicht stattgefunden, ja? *(Erleichtert)* Ich danke Ihnen für Ihr Verständnis.

(Lange peinliche Pause. Er ringt sichtlich, ob er das nun Folgende aussprechen soll.) Ich habe eine Möglichkeit gefunden, mich vor solchen Angriffen von außen zu schützen. *(Wieder Pause. Spürbare Unsicherheit. Er betrachtet den Kassettenrecorder und schaltet ihn endlich ein. Esoterische Klänge, dann in sonorer, beruhigender Stimme: »Werde dein eigener Freund. Sag ja zu dir selbst und nimm dich liebevoll in den Arm. Jetzt spürst du dich, ja, das bist du. Du bist ein gütiger, wundervoller, verständiger Mensch; ein Liebender, der seine eigene Mitte gefunden hat. Eine*

wohlige Wärme durchflutet dein inneres Ich und erfüllt dich. Deine Lebensgeister und spirituellen Kräfte erwachen, du fühlst dich in dir aufgehoben und geborgen. Du bist ein ...« Er schaltet ab und spult an den Anfang zurück. Langer misstrauischer Blick ins Publikum.) Ich weiß, was Sie jetzt denken, aber so ist es nicht. Ich <u>muss</u> das nicht tun. – Mal ganz unter uns Neurotikern ... ähm ... Pastorentöchtern: Irgendwo hat doch jeder seine ... ähm ... sagen wir mal ... höchst individuellen Merkmale. Das ist doch normal. Zum Beispiel bestellt ein Kollege aus der Einwohnermeldebehörde – Abteilung Grundsatzangelegenheiten – in der Kantine mittags immer Pommes mit Kartoffelsalat. Pommes – mit Kartoffelsalat ... jeden Tag! Das macht sonst kein Mensch. Nur er. Und – ist er deshalb schlecht? Nein! Oder ein anderer aus der Finanzbuchhaltung ... ist so ein Fitness-Fanatiker. Überall im Büro liegen Hanteln und Gewichte. An der Decke sind zwei so ... Fußfesseln angebracht. Da hängt er dann manchmal kopfüber von der Decke und trainiert seine Bauchmuskeln. Und manchmal ruft er dabei auch nach »Adrian«. Na und ... ist trotzdem ein prima Kollege! *(Plötzlich sehr ernst)* Obwohl ich mich schon lange frage: Was will <u>der</u> von der Adrian?

Letztes Jahr musste ich das Auswahlverfahren im mittleren nichttechnischen Verwaltungsdienst durchführen. Die Bewerber sind Realschüler, Haupt- und Gesamtschüler mit abgeschlossener kaufmännischer Ausbildung; vereinzelt auch Abiturienten, die im Auswahlverfahren für die gehobene Laufbahn gescheitert waren.
Das sind Leute, die eines Tages den Staat repräsentieren wollen. Die mussten vormittags einen Aufsatz schreiben: »Die PISA-Studie und ihre Auswirkungen auf das deutsche Bildungswesen«. Von denen waren einige nicht mal imstande, das Wort »PISA« richtig zu schreiben! Ich habe anschließend eine Statistik angefertigt: 0,8% der Bewerber haben PISA mit »ie« geschrieben, 0,2% gar mit »ss«.
Verstehen könnt ich noch, wenn sie Probleme hätten mit Wörtern wie »Rhododendron...dünger« oder ... ähm ... »Hämorrhoiden«, meinetwegen noch mit »Eurovision Song Contest«, »Meerrettich« oder »Hakuna

Matata«. Aber PISA? Ich sag Ihnen was: Die meisten von denen könnten nicht mal »Legastheniker« ... ähm ... schreiben.

Wussten Sie, dass 53% der Deutschen nicht wissen, wie man »Grießbrei« schreibt? Und – vorsichtig geschätzt – 99,9%, dass das deutsche Wort mit den meisten Konsonanten in Folge »Angstschweiß« ist?

Am Nachmittag: Allgemeinbildung. Ein noch größeres Desaster, sage ich Ihnen. Als Definition für »Expressionismus« nannten 14% »Herstellung von Kaffee mit hohem Koffeingehalt«, 12,6% »Oberbegriff für Transportgut im Schienenverkehr« und unglaubliche 0,8% »Menschliche Neigung, sich unbekleidet zur Schau zu stellen«. Oder: Was ist eine Kollision? Wissen Sie, was ich da zu lesen kriege: »Kollision ist ein Zusammenstoß ...« bis dahin stimmt's ja noch »... ein Zusammenstoß politischer Parteien zur gemeinsamen Regierungsbildung. Große Kollisionen sind in der Regel unzweckmäßig – *(auf Englisch)* Lose : Lose –, da hilft nur Kollisionsschutz«. Der muss an Korrosionsschutz gedacht haben. Als korrekte Bezeichnung für die Einwohner von Bali nannten 14,1% Balina, *(in typisch Berliner Mundart)* Berlina, wa?!, 19% Ballerina, 18% Ballistiker, je 9% Baldrianer beziehungsweise Balunken, 8% Balditen, 4% Balinkas, 3% Balioten, 2,8% Ballistos, je 2,5% Ballecker beziehungsweise Balletter, 2,1% Ballonauten, 2% Ballaster, 1,4% Balluschen, 1,1% Balnausen beziehungsweise Balnoven, 0,9% Balnanen und unglaubliche 0,1% – Ballermänner!

Ein Beamter muss in der Lage sein, zu jedem dienstlichen Vorgang einen persönlichen Bezug herzustellen, sich – gewissermaßen – mit den Akten anfreunden. Wer dienstliche Vorgänge entsprechend behandelt, wird auch von ihnen nicht enttäuscht werden. Leider gibt's auch Ausnahmen. Nehmen wir nur mal die Sechserreihe. Das sind die Aktenzeichen, die auf 60, 62 oder 68 enden. Hier zum Beispiel: 10-21-60 »Besondere Schutzmaßnahmen und Verhaltensregeln bei Überschwemmungen in Städten mit mehr als 50.000 Einwohnern«.

§ 6 Absatz 1 ist da mein persönlicher Favorit *(zitiert)*: »Ab einer Wassertiefe von mehr als 1 Meter setzen volljährige Erwachsene selbstständig mit

Schwimmbewegungen ein.« Ich sage Ihnen was: Die Formulierung »volljährige Erwachsene« ist dilettantisch. Tautologie. Das eine bedingt das andere. In der Sache selbst wird man den Liliputanern nicht gerecht. Wenn die sich bestimmungsgemäß verhalten, überleben sie nicht. Keine Chance. *(Plötzlich nachdenklich)* Vielleicht hat der Gesetzgeber genau das gewollt ... Liliputaner haben oft Freifahrten im Nahverkehr ... zahlen kaum Kfz-Steuer. Und Gott auch. Ich meine, Gott muss es auch gewollt haben. Sonst hätte er sie doch nicht so klein gemacht. Bei Haustieren und Kindern nimmt man wahrscheinlich an, dass der angeborene Schwimmreflex automatisch einsetzt. Unbeantwortet bleibt im Übrigen, wie man sich in Kleinstädten, Dörfern und so weiter verhalten soll. Oder was, wenn jemand durch starke Strömung in einen Nachbarort mit unter 50.000 Einwohnern abgetrieben wird? Was macht der dann? Hört er nach dem ... Passieren des Ortsausgangschildes auf zu schwimmen – oder was?! *(Mit Nachdruck)* Und was, wenn dieser Nachbarort in einer Senke liegt, wo die Überschwemmten regelrecht hineingespült werden ... und sich am nächsten Tag Tausende Liliputaner, Haustiere und Kinder (deren Schwimmreflex versagt hat) und andere gesetzestreue Bürger, die sich nicht am Ortsausgangsschild festhalten konnten ... weil da schon zu viele andere hingen oder die Strömung zu reißend war ... ähm ... wenn also all diese bedauernswerten ... Kreaturen in den Straßen und Vorgärten dieses Nachbarortes herumliegen, wo sie zu Lasten des Steuerzahlers von Notärzten mit Decken und Tee versorgt werden müssen ... falls sie den Strapazen ihres Überlebenskampfes nicht schon erlegen sind. – Also wenn Sie mich fragen: Diese Vorschrift ist ein einziger Skandal!

Wussten Sie, dass Beamte der einzige Berufsstand sind, der von der übrigen Bevölkerung kollektiv gehasst wird? Laut Statistischem Bundesamt konnte nur in einigen Hochgebirgsdörfern der bayerischen Alpen sowie im Zentralsauerland ein kleiner Kreis aufrecht Gesinnter nachgewiesen werden, der zum Berufsbeamtentum hält. Zuhälter eben, wahre Zuhälter! Dagegen gibt's bei anderen gesellschaftlichen Randgruppen immer Positiv-

Ausnahmen. Bei den Farbigen sind das Roberto Blanco und Pele, um mal die Bekanntesten zu nennen. Die sind in erster Linie Roberto Blanco und Pele – und erst sekundär farbig. Oder Versicherungsvertreter. Da gibt's die breite Masse der schwarzen Schafe. Und dann gibt's – sozusagen als Gegenpol – den Pele der Versicherungswirtschaft, Herrn Kaiser. – Bei Beamten ist das anders. Wir sind alle schlecht!

Andere Randgruppen können sich wenigstens in Selbsthilfegruppen bemitleiden. Toupetträger, Alleinerziehende, Studenten im 34. Semester (die den BAföG-Entzug nicht verkraften), Neurodermitiker, Magersüchtige, Strafentlassene, Schornsteinfeger mit Höhenangst, Jungfrauen ab siebzig, Bigamisten, Balinesen ... die Einwohner von Bali ... was weiß ich ... selbst militant angehauchte Umweltaktivisten, die sich – in der aberwitzigen Annahme, dadurch den Schadstoffausstoß zu reduzieren – an Schornsteine ketten. Wenn die sich wenigstens <u>vor</u> die Öffnung platzieren würden. Aber so? Die kriegen alle unentgeltlich einen Raum im Gemeindezentrum, dürfen das Klo und die Teeküche benutzen und von der Selters nehmen. Und ... was tun sie da? Setzen Briefe auf ... gegen Behörden, also gegen mich ... gegen staatliche Willkür, wie sie das nennen. Machen Aggressionsübungen ... sagen »Vater« zu einem Kissen, schreien es an und treten es. Fühlen sich danach angeblich besser. Zum Schluss kommt dann immer dasselbe raus: Die Eltern sind an allem schuld, speziell die Mutter. Oder das soziale Umfeld. Deswegen hab ich mir auch keines zugelegt.

Schade, dass der Bushi nicht mehr im Amt ist, der Dabbeljuh. Dem hätte man nur stecken müssen, dass unter deutschen Gemeindezentren Ölvorkommen vermutet werden. Schon hätte der Befreiungstrupps geschickt und die hätten den Magersüchtigen und Alleinerziehenden ganz schön eingeheizt! Den Beziehungen mit Amerika wäre das zuträglich: Der Einsatz wäre billiger und für die Soldaten weniger gefahrgeneigt als in ... ähm ... Bagdad. Und der Weg zu Burger King viel kürzer.

Die Irakis wären doch total perplex gewesen, wenn ihre Befreier plötzlich alle weg wären, und hätten – in Ermangelung eines Feindes – die Kampfhandlungen eingestellt. So hätte Bushi den Irak-Konflikt auf Islamistisch beendet durch Verschleierung ... und wäre heute noch Präsident!

Nur gegen uns darf man Vorurteile pflegen, die längst widerlegt sind. Da sind sich mal alle einig. Zum Beispiel dass wir unter Kommunikations- und Ekstasegesichtspunkten allenfalls mit Goldfischen konkurrieren könnten. Und ich sag Ihnen was: Erst mal sind Goldfische ganz zauberhafte Tiere, die man steuerfrei und ohne Gefährdung der Öffentlichkeit halten kann; sie beschmutzen nicht die Bürgersteige. Wussten Sie übrigens, dass Goldfische, die man in dunklen Räumen hält, weiß werden? ... Ähm ... und 2.: Kommunikation unter Fischen vollzieht sich – analog den Beamten – auf einer sehr subtilen Ebene, die sich nun mal nicht jedem eröffnet. Wir freuen uns mehr nach innen, wissen Sie, so ungefähr *(lacht verkniffen in sich hinein)*. Nehmen wir doch nur mal die Kommunikationsmöglichkeiten eines ... sagen wir mal ... Karl Dall. Die liegen auch nur geringfügig über denen von Goldfischen. Unter Ekstasegesichtspunkten sind sie ihm sogar überlegen. Dennoch hat er es zu etwas gebracht. Er könnte <u>der</u> Musterbeamte sein (innerlich meine ich; äußerlich ... auch), <u>der</u> rhetorische Wurmfortsatz, <u>das</u> intellektuelle Aushängeschild aller Aquarienbewohner ... äh ... ich meine Beamtenanwärter, <u>die</u> Lichtgestalt des Beamtentums, der Kaiser, also nicht der Franz ... der Versicherungs-Kaiser... der Roberto Blanco aus der ostfriesischen Bronx ... der kongeniale Kontrapunkt allen mit Vorurteilen behafteten Denkens. *(Von seiner eigenen Idee begeistert)* Wenn man das geschickt propagieren würde ... durch Plakate in den Innenstädten ... zum Beispiel: Karl Dall als grüßender Steueroberamtsrat per Fahrrad, also umweltfreundlich, auf dem Weg zur Dienststelle. Darunter in großen Lettern: »Können diese Augen lügen?« Oder: Dolly Buster im sittsamen Dirndl vor Karl Dall kniend: »Gib's mir, du Sau! Gib mir meine Steuern zurück!« *(Sachlich wiederholend)* »Gib's mir, <u>du</u> Sau ...« *(Erläuternd)*

Hier begegnet uns bereits jenes vertraute »Du«, das das positive Verhältnis zwischen Bürger und Behörde andeutet.

Oder: Derrick zu Klein: »Harry, hol schon mal den ...«, da springt Karl Dall ins Bild ... als Polizeipräsident: »Wir müssen sparen, meine Herren. Sie nehmen das Fahrrad und ...«

(Aus dem Kassettenrecorder: »Werde dein eigener Freund ...«) Ach, dieses blöde Ding geht manchmal von alleine los. *(Er schaltet ab.)* Altersbedingter Verschleiß. Ich hab's meinem Sohn weggenommen, als er eingeschult wurde. Heute ist er Ingenieur. Er hat es nie bemerkt. Komisches Kind.

Ich hab's übrigens auch nicht leicht gehabt: Dominanter Vater, Alkoholiker. Ein Hüne. Hände wie Klodeckel. Infolgedessen Gas- und Wasserinstallateur, auch als Schwarzarbeiter. Und Jäger. Jagdunfall, als er angetrunken aufs Gewehr fällt. Glatter Durchschuss. Die Töchter kriegen alles, für den einzigen Sohn bleibt nur Verachtung. Aus Hass lasse ich meine handwerkliche Begabung verkümmern, danach auch alle anderen. Ich degeneriere vorsätzlich. Und opponiere unverhohlen, indem ich das entgegengesetzteste werde, was sich zu einem angeschossenen Schwarzarbeiter denken lässt: Beamter. Familiäre Katastrophen sind der ideale Nährboden, auf dem der Drang ... der Zwang nach diesem Beruf gedeiht. Und das steht uns ins Gesicht geschrieben. Einem Beamten ist das mit einem Prägeeisen ins Gesicht gebrannt. Ein lebensbegleitender Makel, eine Anomalie ... ein mit dem Berufsstand untrennbar verbundenes ... verwachsenes ... es ist zum Wahnsinnigwerden! Schauen Sie mal einem Beamten ins Gesicht. Was sehen Sie da? Es verfolgt mich immerzu ... beim Einkaufen ... im Bus ... im Schlafzimmer denke ich, gleich kommt einer und sagt: »Fredenbek, Fredenbek, Fredenbek. Beamter, hm? Vater Schwarzarbeiter, hm? Sie wollten ihn erschießen, stimmt's?« So viel zur psychoanalytischen Seite des Beamtentums.

Wir sind bestech... ähm ... wir bestechen durch neutrale Amtsführung. Manche versuchen dennoch, einen positiven Bescheid zu erzwingen. Ein dilettantisches Beispiel habe ich Ihnen mitgebracht. *(Er kramt aus der Aktentasche ein Stück Papier hervor und liest)* Zwei Liter Milch, ein Kasten Weizen ... Kastenweizen...brot. Gibt's beim Bäcker. Bus Linie 11 bis »Bergstraße«. Da aussteigen, da ist der Bäcker. Bergstraße aussteigen. Geh einfach rein, die Frau ist nett. *(Er bemerkt den Irrtum, legt den Zettel zurück und holt ein anderes Schriftstück hervor.)* »Ein Brief an die Scheißbehörde« ... steht in Bleistift drüber. Wurde wohl vergessen wegzuradieren. Tja, ohne Gummi geht's nun mal nicht.

»Sehr geehrter Sacharbeiter! Was soll das denn! Mein Antrag auf Umbau von mein Geräteschuppen haben Sie abgelehnt. Wie kommen Sie denn auf das schmale Brett? Reden Sie besser mal mit meine Frau. Die ist gelenkig und in alle Hinsichten ... offen. Da werden Sie viel Spaß haben. Nennen Sie Ort und Zeit zwecks Übergabe von meine Frau. Dann geht das sicher schneller. Nur mal so zum Vergleich: Ihr letzter Bescheid dauerte so lange, da konnte unser Einkaufszentrum zweimal abbrennen, der Bandstifter im Knast Abitur machen und zwölf Kinderbücher schreiben. ›Die Rache des kleinen Feuerteufels‹ war letztes Jahr ›Kinderbuch des Jahres‹. Wichtig: Nix meine Frau verraten. Soll ne Überraschung sein.

In der Hoffnung auf Besserung Herr Raschke (Ehemann von meine Frau Raschke)

P.S.: Mit Briefschreiben hab ich das nicht so. Waldorfschule Willerbeck, Abschluss 1987. Drei Jahre 7. Klasse. Hat auch nichts genützt.«

(Leises, monotones Piepen wie von einem Wecker. Er blickt sich irritiert um, betrachtet den Rekorder, tastet sich dann hektisch am Oberkörper ab. Zieht schließlich ein Fieberthermometer aus der Achselhöhle, riecht daran und betrachtet es lange. Erschüttert) Zerebrale Hypochondrie. Mein Gott ... Mein Gott! *(Er schiebt es an dieselbe Stelle zurück.)*

Wussten Sie, dass Beamte unter den Nichtselbstständigen die einzige Personengruppe sind, die der Kirche näher steht als den Gewerkschaften? Dass wir gegenüber unseren Ehepartnern in der Regel nicht zur Gewaltanwendung neigen, unsere Steuererklärung meist frist- und formgerecht einreichen und lieber in Österreich als in Rhodesien Urlaub machen? Und dass diese Erkenntnisse uralt sind, da es Rhodesien schon lange nicht mehr gibt? Jetzt wissen Sie es! – Bevölkerungskonform, also identisch mit der allgemeinen Gepflogenheit, ist hingegen, dass Oil of Olaz die bevorzugte Antifaltencreme für die Haut ab dreißig ist. Die freie Entfaltung ist ja verfassungsrechtlich garantiert.

Die meisten nichtverbeamteten Kollegen streiken übrigens heute, der Rest feiert Fasching *(ggf. Verabschiedung oder ein zum Aufführungszeitpunkt passenderer Anlass wie Sommerfest oder Weihnachtsfeier).* Hören Sie mal. *(Er öffnet die Tür einen Spalt und Partymusik dringt herein.)* So geht das schon den ganzen Tag. Ich bilde zusammen mit drei anderen Kollegen den Kreis der Aufrechten, die den Laden hier noch am Laufen halten.

(Das Telefon läutet.) Nein! *(Erneutes Läuten.)* NEIN! *(Er wirft sich auf den Boden.)* Oh Gott, das kann nicht sein! Das darf nicht sein! *(Erläuternd)* Ich habe es so eingestellt, dass eingehende Gespräche zur Vermittlung zurücklaufen. Die meisten geben nach dem siebten Mal auf. *(Mitzählend während er sich nur so weit aufrichtet, dass er kniet und nur der Oberkörper über den Schreibtischrand hinausragt, dann erleichtert)* Sehen Sie, genau siebenmal. *(Er tritt an den Wandkalender, blickt auf seine Uhr und trägt unter dem heutigen Tag die Uhrzeit ein.)* Der letzte Anruf war am *(blickt auf den Kalender und nennt ein Datum und die Uhrzeit 11:18 Uhr).* Also praktisch in der Mittagspause. Das ist jetzt 36 Tage her. 36 Tage! Die Einschläge kommen immer näher. *(Seine Hand betrachtend)* Wussten Sie, dass es auf der Hautoberfläche eines Menschen mehr Lebewesen gibt als Menschen auf der Oberfläche der Erde?

(Wieder mit Blick auf den Wandkalender mit dem einzigen Eintrag für den heutigen Tag.) SHz steht für heute im Terminator ... Groß Ess, groß Haa, klein Zett. SHz. Ich versichere eidesstattlich, dass ich sonst immer weiß, was

meine Einträge bedeuten. Aber SHz … Sammelheizung? Sonderheimzulage? Sicherheitszentrum? Süddeutsche Handelszeitung … Seehandelszone?

Aber was ich eigentlich sagen wollte: Gegen mich ist ein Komplott im Gange. Hier! *(Hält einen dienstlich aussehenden Vorgang hoch.)* Wissen Sie, was das ist? Nein, nicht? Gucken aber so, als wüssten sie es. »Verordnung zur Neuregelung des Inneren Dienstbetriebes und des Ablagewesens« in Klammern VNDA vom 15. März 2016. Jetzt haben sie mich endgültig am Arsch! Dabei habe ich alles mit durchgemacht: Die Vorläufigen Bestimmungen 1975, alphabetische Ablage 1981, dann unterteilt nach Fachgebieten 1994, alphanumerisch 2003 und nun – nur noch numerisch. *(Zitiert)* »Die Aktenzeichen sind numerisch aufsteigend zu vergeben.« Was das bedeutet? Alle Aktenrückenaufkleber lösen, neue Aktenrückenaufkleber beschriften und … aufkleben, alle Vorgänge rausnehmen, neu zuordnen, numerisch … weil es den hohen Herren so gefällt … Im Durchschnitt alle 11,3 Jahre was Neues. Ich werd noch ganz fuchtelig hier!
(Aus dem Kassettenrecorder: »Du bist ein gütiger, wundervoller, verständiger Mensch; ein Liebender, der seine eigene Mitte gefunden hat …« – Er schaltet ab. – Aus dem Off: »Giiiib's mir …!«) Meine Güte, Dolly, du hast vielleicht ein Talent, immer im falschen Moment zu kommen.

Aber ich geh zum Chef. Ja, morgen geh ich zum Chef! Aber was heißt hier »Chef«?! Entscheidungsunfreudig und inkompetent. Der klassische Dünnbrettbohrer. Ein Jenachdemiker wie er im Buche steht. *(Erläuternd)* Je-nach-dem-iker. Er entscheidet – wenn überhaupt – je nachdem, ob er daraus einen Vorteil hat. Das ist ihm aber nicht bewusst. Deshalb mag ihn auch keiner. Und manchmal bricht so ein … spätpubertärer Jähzorn aus ihm heraus. Dabei ist er 54. Er wird der erste Beamte sein, der den nahtlosen Übergang schafft vom infantilen Fehlverhalten zum Altersschwachsinn.
Den Jähzorn erkläre ich mir immer so, dass sich in seinem Wesenskern ein widerlicher Krawallzwerg eingenistet hat … ein bissiger, furzender Pu-

muckl, der seine Bösartigkeit kaschiert, indem er eine samtrote 1001-Nacht-Pluderhose ... und spitz zulaufende Schuhe trägt. Sie wissen schon, mit diesem runden Bommel an der Spitze. Ein orientalischer Aggressions-Muck ... ein fieser, destruktiver Karnevalist. Immer bevor er die Beherrschung völlig verliert, zündet er den Turbo-Furz, der ihn durch den Wesenskern wirbelt wie ein geplatzter Ballon. Dabei stößt er einen schrillen, markdurchdringenden Schrei aus, als ob er mit den Eiern in die Fahrradkette gekommen wäre. So erzwingt er ... Ausgang, um seinen bestimmungsgemäßen Auftrag zu erfüllen: Mit seinen hässlichen behaarten Händen zeigt er auf Alfons Rauschenberg! Seht her, er ist der giftige, cholerische Besserwisser!

In Rauschenbergs ... ähm ... irrem Blick funkelt es feige ... ja, es steht ihm regelrecht ins Gesicht geschrieben, dass er hinterhältig und verschlagen ist. Der einzig zulässige Vergleich ist der mit Kinski. Sie müssen sich eine Art ... chaotisch hochpotenzierten Kinski vorstellen ... einen blassen, hohlwangigen, mit halb offenem Mund leer vor sich hin stierenden Kinski, der soeben die Heroinnadel abgesetzt hat. Wenn er selbstständig wäre, ich meine unternehmerisch tätig, dann müsste für ihn eine eigene Unternehmensform erfunden werden: Gesellschaft mit beschränkter Boden...haftung. Oder mit beschränkter Hoffnung. Oder hoffnungsloser Beschränkung.

Er hat seinen Schreibtisch ganz hinten an die Wand gerückt, weil da der Lichteinfall am geringsten ist. Seine Anzüge, selbst das Brillengestell und die Manschettenknöpfe, haben die gleiche Farbe wie der Teppich, das Mobiliar und die Tapete. Alles Ton in Ton. Solange er nichts sagt, sieht man ihn gar nicht. Deshalb war er als Kind in Schulaufführungen immer »die Wand«. Oder »Niederes Gehölz«. Sein von Leidensdruck zerfressenes Gesicht ist von tiefen Furchen durchzogen. Wenn er nachdenkt – oder so tut –, ziehen die Furchen das ganze Gesicht zu einer Art Knäuel zusammen, der individuelle Merkmale wie Augen oder Mund in sich begräbt; er rollt sich sozusagen in sich selbst ein. Man könnte auch sagen, er zieht sich zurück. *(Ins Publikum)* Können Sie sich das vorstellen? Er versteckt sich wie ein angeschossener Bär in der Tiefe des Waldes. – Na gut … der Vergleich ist natürlich extrem. Ein Bär ist ja … hochintelligent … äußerst sensibel … kraftvoll … frisst Schwächere nur aus reinem Selbsterhaltungstrieb … steht als Symbol für Gutmütigkeit und Gelassenheit.

Na ja, jedenfalls findet ihn keiner, der die Tarnung nicht kennt. Zumindest galt das bis zu jenem denkwürdigen Mittwoch vor zwei Jahren, als zwei Damen sein Büro betraten und ihn zielgerichtet ansprachen: »Guten Tag, Herr Rauschenberg. Wir möchten mit Ihnen über Gott sprechen.« Er muss sich gefühlt haben wie Amerika … als Kolumbus in der Tür stand. Dass er die überhaupt reingelassen hat. Wahrscheinlich hat er gedacht, die sind von der GEZ.

Wenn ich sein Büro betrete, rufe ich ein vernehmliches »Guten Tag, Herr Rauschenberg!«. Dabei drehe ich den Kopf so *(tut es)*, dass er sich überall angesprochen fühlen muss und sich vormachen kann, ich hätte ihn visuell fixiert. Er antwortet dann immer: »Guten Tag, Herr Fredenbek«, damit ich weiß, wo er ist. Eine Art stillschweigendes Abkommen. Ich taste mich dann in seine Richtung vor … ganz behutsam … ganz vorsichtig … damit wir, falls er mir entgegenkommt, nicht zusammenstoßen.

Manchmal macht er sich einen Spaß daraus, sich anzuschleichen. Dann tippt er mich an die rechte Schulter und ruft: »Buh!« … und ich *(spielt, dass er sich erschreckt)* … und er: »Ich stehe neben Ihnen!« … und ich: »Geht nicht, da stehe ich schon!« Der Ablauf ist seit siebzehn Jahren der gleiche, aber wir haben unseren Spaß – auch wenn es, außer uns, niemand versteht.

Wir sind halt eine Zwangsgemeinschaft, eine Art … ähm … wohltemperierter Nichtangriffspakt. *(Zum Publikum)* Sie kennen solche Kollegen? Er ist so unscheinbar, dass, wenn er straffällig geworden wäre … also rein theoretisch jetzt: Wir könnten kein Phantombild machen lassen! Daraus wird ein Mythos erwachsen, Legenden werden sich um seine Person ranken. Wie bei Luis Trenker und Robin Hood werden sich nachfolgende Generationen fragen: Gab es ihn jemals?

Soll ich Ihnen was verraten? Als Bildschirmschoner läuft den ganzen Tag das Wort AKTIV über seinen Schirm. In großen Buchstaben: A-K-T-I-V! – Er hat sich mir anvertraut. Noch nach siebzehn Jahren braucht er ein Navigationssystem, das ihn morgens vom Auto ins Büro führt. A-K-T-I-V steht für die markantesten Orientierungspunkte: Nach Verlassen des Autos A führt ihn der einzige Weg zu K, der Komposttonne. Der penetrante Gestank löst Vermeidungs- und Fluchttendenzen aus, er wendet sich reflexartig ab und findet sich infolge dieser unkoordinierten ganzkörperlichen Bewegung vor der Eingangstür wieder. Im Gebäude folgt er dem nun bereits sensibilisierten Geruchssinn, was ihn zunächst zu T, der Toilette, anschließend zu I, der Abteilung Innenrevision, führt. Büro in Sicht, schaltet er in den Ekstase-Modus und nimmt – das Ziel vor Augen – Fahrt auf! Auf den letzten Flurmetern setzt er zum Spurt an, überwindet V, das Vorzimmer, mit den riesigen Schritten eines Dreispringers, hebt ab ... schwebt völlig losgelöst durch den Raum ... und schlägt – Minuten später – mit beiden Füßen hinter seinem Schreibtisch auf – wo er Platz nimmt und bis zum Dienstschluss in einer Art taktischem Koma regungslos verharrt. Er nennt das den »finalen Sprung«, das »finale Hossa«. Es ist wirklich interessant, dabei zuzusehen, wie er sich vor dem gleichfarbigen Hintergrund scheinbar substanziell auflöst und in Sekunden mit seiner Umgebung verschmilzt. Selbst wenn man es hochkonzentriert beobachtet, kann man nie genau sagen, in welchem Moment er sich der Wahrnehmung des menschlichen Auges völlig entzogen hat. Nur wenn er zum Abschied winkt, sieht man die rechte Hand noch kurz aufblitzen. Wir stellen fest: Ohne die Hilfsmittel A = Auto, K = Komposttonne, T = Toilette, I = Innenrevision und V = Vorzimmer würde dieser Mann einer geregelten Arbeit gar nicht nachgehen können ... sondern würde im Wege einer ... ähm ... ABM- oder sonstigen Integrationsmaßnahme für Langzeitarbeitslose irgendwo Körbe flechten oder an alten Wandschränken herumhobeln! – Der Heimweg erfolgt durch Anwendung der gleichen Formel in umgekehrter Abfolge, V-I-T-K-A: Vorzimmer, Innenrevision, Toilette, Komposttonne, Auto.

Halten wir fest, dass der schon lange keine Verbindung zum Mutterschiff mehr hat. Für den sind Red Bull und Weißer Riese Potenzmittel – das eine zum Trinken, das andere zum Einreiben. Und beim Mitarbeitergespräch bringt er Lebensweisheiten aus dem Urschlamm wie: »Die Gesellschaft wird an ihrer Gleichgültigkeit noch zugrunde gehen.« Soll sie doch, mir ist das wurscht!

Ich werde also sagen: »Herr Rauschenberg«, werde ich sagen, »das machen Sie nur zweimal mit mir – das erste und das letzte Mal! Ich habe fertig! Sie, Sie … rausekeln wollen Sie mich! Hab schon lange was gemerkt!«, werde ich sagen. Und Frau Umlauf tut mir seit Dienstag keine Milch mehr in den Kaffee. *(Konstatiert)* Multifunktionsbeamter an allen Fronten, in der Blüte meiner Jahre, im Zenit meiner Schaffenskraft – Multifunktionsbeamter *(resignierend)* … ohne Milch. Keine Milch … nach all den Jahren. *(Zum Publikum)* Vergessen, meinen Sie? Nee, nicht die Umlauf. Der trau ich nicht weiter, als ich sie werfen kann. Die lügt schneller als ein Pferd laufen kann. Vereinsamte Witwe, wissen Sie. Befürsorgt jetzt alle männlichen Kollegen. Und dann vergessen? Nein, niemals! Wie würden Sie sich denn fühlen, wenn Ihre Kolleginnen plötzlich aufhörten Milch zu geben?! Wobei man als langjähriger Kollege natürlich auch kein Mann ist … also … im eigentlichen Sinne. Eher eine Art Neutrum, ein »Es«. Aber ich habe ihr gegenüber einen ganz schwachen Stand. Das liegt daran, dass … oh Gott, wenn ich nur dran denke … Sie wollen es wissen, hm? Also bitte …

Sie heißt, wie schon erwähnt, Umlauf. Karin Umlauf. Sie schaut recht gut aus für ihr Alter. Sehr gut sogar, wenn Sie verstehen, was ich meine. Letzten Sommer, konkret am 14. Juni, trug sie ihr blaues Kleid mit den weißen Punkten und das hat mich herausgefordert. Ich spielte hundertvierundzwanzig Annäherungsmöglichkeiten, kurz AM, durch und wertete sie im Sinne einer Risiko/Nutzen-Analyse aus. Daraus ergab sich meine ganz persönliche Hitliste, die ich auch als Diagramme erstellte. *(Erläuternd)* Ich bin ein visueller Typ, wissen Sie. Erst wenn ich etwas bildlich vor mir sehe, erschließt es sich mir wirklich. Am aussichtsreichsten war demnach »AM16 I. a) Warten, bis sie dieses Kleid nicht mehr trägt, b) sich ihr unauffällig nähern«.

Unter Ziffer 16 II. beschreibe ich die »Konkrete Vorgehensweise in der Praxis«: Scheinbar beiläufig würde ich sagen: »Oh, wie schade, dass Sie Ihr Kleid nicht mehr tragen«, und sie würde antworten: »Oh!«, und hoffentlich erröten, und dieses Indiz würde das noch schwache Fundament meiner allerersten verwegenen Grenzüberschreitung stützen. Sie würde weiter sagen: »Dass <u>Ihnen das</u> aufgefallen ist!« Dieser Satz soll Phase 2 einleiten. Ich würde ihre Hände nehmen und sagen: »Karin«, würde ich sagen, »das Kleid ist nicht das Einzige, was mir an Ihnen gefällt.«
(Erläuternd) Diese rasante Mischung – sie einerseits beim Vornamen zu nennen, andererseits aber beim »Sie« zu bleiben – ist für solche Situationen prädestiniert. Die unerschütterliche Entschlossenheit zur Eroberung im »Karin« und – durch das »Sie« – weiterhin jene Zurückhaltung, die den jederzeitigen Rückzug ermöglicht, ohne dass hierfür Feigheitsgründe unterstellt werden könnten.
Sie würde wieder »Oh!« sagen oder »Ups!«, vielleicht auch »Huch!« und noch heftiger erröten. Mit übervollem Herzen würde sie fragen, was mir denn noch so unsterblich an ihr gefalle. Ich würde sie um die Taille fassen und – kraftvoll und zärtlich zugleich – an mich ziehen und sagen ... nein, hauchen ... ich würde ihr ins Ohr hauchen: »Alles, Karin, alles!« Das würde ihr den Rest geben. Langer Blick in die Augen, zärtlicher, hingebungsvoller Kuss – Tätärrätää! Geschafft!

Sehen Sie mal, so macht man das: Man umfasst die Dame so, dass sie leicht nachfedert. *(Macht es vor.)* Sehen Sie das? *(Ins Publikum)* Können Sie das alle sehen, auch Sie da hinten? Achten Sie darauf, dass die Dame nur so stark nachfedert, dass sie nicht ... ähm ... erbricht oder mit dem Hin-

terkopf aufschlägt. Da liegt sie nun oder hängt … von Glückshormonen durchschossen. – Es ist wie beim Tanzen: Sie spielen den Ergebenen, dabei sind Sie derjenige, der führt. An unsichtbaren Fäden lassen Sie die Puppe tanzen. Die Dame schwebt leichtfüßig über dem Boden dahin. Sie wiegt nicht mehr als ein Mohnbrötchen. Zur Erlangung eines situationsentsprechenden Empfindens ist es förderlich, sich vorzustellen, dass Sie die Kleidung an ihrem Körper sind. Sie sind ihr Höschen … ihr im Sonnenlicht schimmerndes Seidentop. Stellen Sie sich vor, dass die Dame Sie zuvor bei 90 Grad durchgeschleudert hat. Dann hat sie Sie in alle Richtungen gestreckt und aufs Bügelbrett geschmissen, wo die Glut ihres Eisens das Innerste Ihrer Fasern durchflutet und Sie … aufgeladen hat! Das macht Sie zu Monsieur 100.000 Volt! *(Aus dem Off: »Giiiib's mir …!«, energisch)* Dolly, jetzt nicht! *(Wieder im vortragenden Ton)* Und jetzt, da sie sie ganzkörperlich umhüllen, geben Sie ihr die Glut zurück. – *(Ins Publikum)* Sind jetzt alle Männer auf diesem Gefühlsstand? – Gut. – Und Sie, meine Damen, schätzen hoffentlich realistisch ein, was da heute Nacht noch auf Sie zukommt. – *(Mit Blick auf die imaginäre Dame, süffisant)* Hm … das gefällt Ihnen, was? Ist das gut? Ja, das ist gut. So haben Sie es gern. *(Wieder im normalen Tonfall)* Lassen Sie sie spüren, dass Sie sie gegen jede aufdringliche Übermacht der Welt verteidigen würden. Unter Einsatz Ihres Lebens. *(Leiser)* Das würden Sie natürlich nicht wirklich tun, Sie sind ja nicht bekloppt. Aber die Romantik dieses Augenblicks verlangt Ihnen dieses schwülstige Gefühl ab und dem tragen Sie gefälligst Rechnung! *(Wieder im normalen Tonfall)* Sie halten die Dame federnd, die Dame federt. Sie halten, sie federt … halten … federn … Sehen Sie, es ist ganz einfach.
Für Linkshänder gilt das Ganze entsprechend, nur eben … linksdrehend. *(Er »wirft die Dame« von der rechten in die linke Armbeuge.)*

Ich streiche durch ihr nach Apfelshampoo duftendes Haar und summe – da sie natürlich auch … weint – leise die Melodie »Tränen lügen nicht« ins Ohr. *(Analysierend)* Ja, das mit dem Weinen, das ist völlig normal. Wenn man als Frau nach Jahren … ähm … enthaltsamkeitsbedingter Frustration plötzlich die Geborgenheit spürt, die man schon zu lange vermisst ... das ist ja auch überwältigend. Da liegen die Nerven blank, das kann man doch verstehen. Werde ich ihr auch klipp und klar sagen: »Weinen Sie man ruhig«, werde ich sagen. Darf sie doch wirklich. Dieses lodernde Feuer, das einer Frau naturgemäß innewohnt ... das muss irgendwann raus! Es ist wie beim Räumungsverkauf: »Alles muss raus!«

(Er springt plötzlich auf und betrachtet den Eintrag im Wandkalender.) Vielleicht steht das »S« auch für »Sch«. Schleuderhonigzentrale. Schuldenhaftungszusage. Schnodder ... Schnösel ... Schnittlauch ... Verflucht, ich weiß es nicht. *(Schreit)* Schei-ße!!! *(Analysiert sofort)* Nützt nichts. Schreien.
(Die Tür fliegt auf, ein Trupp Kollegen poltert »Polonaise Blankenese« grölend durch das Büro. Fredenbek sieht ihnen lange verständnislos nach.) Die haben wohl den Arsch offen.

Es ist mittlerweile erwiesen, dass das Selbstbild einer Frau in jenen Regionen der linken Gehirnhälfte haust, die die entlegensten, die finstersten Winkel der weiblichen Seele widerspiegeln.
Dieser noch recht unerforschte Teil der weiblichen Seele geht weit, weit ... Lichtjahre ... über die Vorstellungskraft des furchtlosesten Mannes hinaus. Es ist eine Art stockfinstere Grotte *(die Bühne wird dunkel)*, am Eingangsportal schiebt eine uralte zahnlose Frau Wache. Sie patrouilliert mit vorgehaltenem Bajonett und erinnert irgendwie an Inge Meysel. Sobald Sie sich nähern, ruft sie: »Halt, Parole!« Wenn Sie die Parole nicht kennen, werden Sie auf der Stelle erschossen. Dann haben Sie Glück gehabt. Aber rufen Sie: »Maria Hellwig!«, dann *(er zeigt »Daumen hoch« und senkt ihn dann mit theatralischem Blick)*. Sie behauptet, sie sei mit Jopie Heesters in eine Klasse gegangen – und das glauben Sie ihr! Sie müssen eine Fackel anzünden, um die Hand vor Augen zu sehen ... und um die Ratten zu vertreiben, die über Ihre Füße huschen. *(Eine ihm zugereichte »Fackel« wirft einen schwachen Lichtschein.)* Die uralte zahnlose Frau reicht Ihnen ein Dokument. Darauf müssen Sie mit Ihrer Unterschrift erklären, dass Sie über die Risiken und

Nebenwirkungen, die beim Anblick des weiblichen Selbstbildes regelmäßig auftreten, belehrt worden sind ... Ihnen insbesondere bekannt ist, dass alle wagemutigen Vorgänger augenblicklich zu Stein wurden ... und dass Sie im Falle des ... Zusteinwerdens keine Schadenersatzansprüche stellen. Die uralte Frau steckt Ihnen noch einen Walkman zu, zieht Ihnen den Kopfhörer über die Ohren und dreht auf »laut«. Dabei grinst sie. Das sagt Ihnen: »Armer Irrer!« *(Mit »Fackel«, Walkman und Kopfhörer tastet er sich im Rhythmus der für das Publikum nicht hörbaren Musik vor. Ein Mikrofon verleiht seiner Stimme den hallenden Effekt einer Grotte.)* Spinnweben, dick wie Drahtseile. Der klebrige Boden, in den Sie knöcheltief einsinken, ist wabernde, stinkende Kloake. Ohne Atemschutzmaske wären Sie ... verloren. An glitschigen, moosbewachsenen Felswänden, die steil aus dem Boden ragen, hängen Fledermäuse. Zehntausende. Behutsam setzen Sie Fuß vor Fuß, denn zu beiden Seiten Ihres schmalen Weges tun sich die Abgründe der weiblichen Seele auf. Verführerische chorische Gesänge sollen Ihrer Todessehnsucht auf die Sprünge helfen. *(Plötzlich pfiffig)* Aber Sie wissen seit Odysseus, was man dagegen tun muss. *(Er dreht voll auf, im Rhythmus der Musik)* ... Ain't nothing I would rather do ... Going down, party time ... My friends are gonna be there too ... *(Wieder in der vorherigen Emotion)* Sie passieren essentielle Stationen der weiblichen Seele: die Zelle für Eifersuchtsdramen, die Synapse für Telekommunikationsangelegenheiten (das sogenannte Klatschzentrum), die Notrufsäule für impulsives Einkaufen; Stichwort »Akutbedarf an Schuhen«. Jawohl, Notrufsäule! Schuhe sind keine normale Sucht, sondern ein der weiblichen Seele und dem weiblichen Geist eingeborenes ... eingebranntes ... konstitutives Element. Die Luftfeuchtigkeit steigt unerträglich. Fleischfressende Schlingpflanzen werfen ihre Saugarme nach Ihnen aus ... und überall riesige ... ähm ... Moskitos. Plötzlich: traumatische Kindheitserinnerungen ... Sie sind ein Jahr und sechs Monate alt ... Sie sehen sich im Laufgitter ... Sie wollen raus, weil Sie finden, dass ein eineinhalbjähriges Kind seinen Aufenthaltsort selbst bestimmen sollte. Sie bekommen Fieber und ... Malaria ... und stinken wie ein Elch. *(Im Rhythmus der Musik)* ... Hey Satan, payed my dues ...

Playing in a rocking band ... Hey Momma, look at me ... I'm on my way to the promised land ... Sie lassen den Nerv für hysterische Übertreibungen, die Bedarfsanmeldungsdrüse für Tupperwareartikel und die Membran für anlassunabhängige Verstimmungen hinter sich. – Nach Tagen oder Wochen ... da sind Sie sich nicht sicher ... erreichen Sie das weibliche Seelenzentrum. Sie reißen Mund und Augen weit auf ... Sie wollen schreien, aber Sie können nicht – denn Sie sind zu Stein geworden. Dort sitzt es ... das Selbstbild der Frau ... *(die Musik ist nun laut hörbar »I'm on the highway to hell ... highway to hell«)* ... dieses Tier, das gejagt werden will, das den körperlichen Schmerz sucht; die Antilope, die durch die Steppe gehetzt und gerissen werden will. – *(Ganz sachlich)* So weit unser kleiner Exkurs ins Seelenleben der Frau. *(Die Bühne wird wieder hell.)*

Jetzt fragen Sie sich sicher: Woher weiß der das alles ... ähm, dass zwischen so grundverschiedenen Dingen wie ... Gehirn, Seele und Frau ein Zusammenhang besteht? Vor sich auf dem Tisch finden Sie Papier und Kugelschreiber. Ich lasse Sie jetzt eine Viertelstunde allein. Lassen Sie Ihrer Kreativität und Ihrer Menschenkenntnis freien Lauf und schreiben Sie Ihre Antworten auf ... Ihre Vermutungen, Ihre Annahmen, Ihre Einschätzungen. Nutzen Sie die Zeit, um diese spannende Frage im lockeren Gespräch mit Ihren Sitznachbarn zu diskutieren und zu lösen. Vielleicht ergeben sich daraus Freundschaften fürs Leben. Meine Assistentin ... natürlich habe ich eine Assistentin ... wird das dann einsammeln.
Ich werde das anschließend vorlesen und statistisch auswerten. Also kommen Sie mir bloß nicht mit faulen Ausreden. Da lassen Sie sich mal schön was einfallen.

(Im Abgehen vor sich hinmurmelnd) SHz ... hm ... Schlittenhundzentrale. Seniorenheilzäpfchen. Sparkassenhauptzins. Schwesternheimzubehör ...

- Pause -

(Die vom Publikum beschriebenen Bögen liegen nun auf dem Schreibtisch. Fredenbek blättert sie durch.) Einige von Ihnen haben ja eine blühende Fantasie. Meine Güte, für wen halten Sie mich ... Um Sie nicht ewig auf die Folter zu spannen: Hier! *(Angekündigt von der »Fanfare for the Common Man« entnimmt er seiner Aktentasche das Buch »Warum Männer nicht zuhören und Frauen schlecht einparken«, hält es hoch.)* Kennen Sie das? Steht allerlei Wissenswertes drin, warum es zwischen Männern und Frauen gar nicht klappen kann. Es liegt am Gehirn! Bei Frauen spielt sich alles in der linken Gehirnhälfte ab, Männer haben auch eine rechte. – Manches ist allerdings so unpräzise formuliert, dass es als Dienstvorschrift untauglich wäre.

Hier zum Beispiel, Seite 252 oben, falls Sie zu Hause nachlesen wollen *(zitiert)*: »Man fand heraus, dass Baritonsänger mehr als doppelt so viele Ejakulationen in der Woche haben wie Tenöre, und die meisten Leute, die mit Testosteron behandelt werden, haben weniger Schwierigkeiten damit, Straßenkarten und Stadtpläne zu lesen.« *(Wiederholt langsam)* »Man fand heraus, dass Baritonsänger mehr als doppelt so viele Ejakulationen <u>in der Woche</u> haben wie Tenöre.« – Das sagt uns nur, wie es <u>in der Woche</u> aussieht, sprich: von Montag bis Freitag. Am Wochenende könnte es sogar umgekehrt sein. Da wenden sich womöglich die Tenöre diesen Frauen zu, weil die Baritone am Montag wieder Auftritt haben oder was weiß ich ... und deshalb lieber ihre Arien üben, damit das Montag auch alles klappt. Oder ... das hat mich wirklich erschüttert ... wussten Sie, dass Männer und Frauen unter »Vorspiel« etwas völlig Unterschiedliches verstehen? Hier! Seite 331, Mitte. Der entscheidende Satz beginnt ganz harmlos: »Für eine Frau ist das Reden ein äußerst wichtiger Bestandteil des Vorspiels ...« Na ja, denkt der Leser da: <u>Ein</u> Bestandteil des Vorspiels, das geht ja noch. Es geht bestimmt noch um etwas anderes, denn es ist ja nur <u>ein</u> Bestandteil. Aber dann kommt's: »... denn für sie bedeutet es alles.« <u>Alles</u>! – Jetzt sind Sie fertig! Während der Mann in seiner bodenständigen Gutgläubigkeit denkt, dass ein Vorspiel das ist, was das Wort ausdrückt, nämlich der

Vorlauf zu Weiterem ... Größerem ... Monumentalem, geht es der Frau nur darum, die Gesprächsanteile aus ihm herauszupressen, die er ohne Vorspiel niemals preisgeben würde. Und obwohl der Mann diese niederschmetternde Erfahrung immer wieder macht, kommt er aus seiner genetisch vorgegebenen Haut nicht raus und trabt sein Leben lang als neurotischer Esel im Kreis ... an der Leine seiner Frau, die sich einen Ast lacht, dass das wirklich funktioniert. In meinem Fall erfüllt es gar die Tatbestandsmerkmale für »Irreführung von Beamten«. Durch dieses ganze Reden dauert das Vorspiel auch immer ewig. *(Jammernd)* Es nimmt und nimmt kein Ende! Manchmal vergesse ich regelrecht, was ich da eigentlich mache. Irgendwann schrecke ich hoch und will die Situation erfassen ... Frau, nackt ... splitternackt ... und ich auch keine Hosen an ... aber Socken ... nackte Frau und nackter Mann, zwei nackte Menschen ... ja, ja ... und plötzlich: »Ach ja, Vorspiel!« Meine Frau merkt immer sofort, wenn sich meine Aufmerksamkeit dienstlichen Belangen zugewendet hat. Zum Zwecke der Gnädigstimmung mache ich abwehrende Bewegungen mit den Händen und wimmere leise »Let it be« von den Beatles. *(Sehr ernst)* Versuchen Sie mal eine Frau mit »Let it be« zu vertreiben, die ein Vorspiel angezettelt hat, um zu reden; eher wird Hannibal Lecter Vegetarier ... Und so hört sich ihr Kommentar auch an: »Du stöhnst mir schon wieder ins Ohr, dass du nicht zuständig bist. Und, um deine Frage zu beantworten: Nein, ich möchte nicht zum zuständigen Sachbearbeiter durchgestellt werden!«

Nur mal zu Ihrer Information: Nach einer aktuellen Umfrage sind 18% aller in fester Beziehung stehenden Paare mit ihrem Sexualleben zufrieden, bei Singles sind es beachtliche 87%! Im Klartext: Mitwirkende sind überflüssig!

Aber der eigentliche Hammer findet sich auf Seite 330. Hören Sie gut zu *(zitiert)*: »Wenn ein Mann eine Erektion hat, dann hat er Schwierigkeiten mit dem Reden, Zuhören und Fahren ...« *(Wiederholt)* Wenn ein Mann eine Erektion hat, dann hat er Schwierigkeiten mit dem <u>Fahren</u>?! – Wenn ich

eine Erektion habe, fahr ich gar nicht erst los! Wo will ich denn auch hin, ich kann ja nicht mal … einsteigen. Ich meine, wer sieht denn an sich hinab und denkt: »Aha, Erektion. Na, da mach ich doch mal einen Ausflug!«
Sie sehen, das Buch hat durchaus seine Schwächen. *(Er legt es in die Tasche zurück.)*

(Ihm fällt der Eintrag im Wandkalender wieder ein, vor sich hingrübelnd) SHz … »S« kann auch »St« bedeuten. Staatshaushaltsdefizit…zit, Staatshandelszentrum, Staatshaftungs…zuschuss, Stoffwechselharnwegs…zufuhr …

Aber, um auf meine Annäherungsoffensive zurückzukommen und für alle Hinterbänkler den inhaltlichen Anschluss wiederherzustellen: Ich hatte Ihnen den gedachten Ablauf bis dahin erläutert, wie man die Dame umfasst … Ihr Haar durftet nach Apfelshampoo … Sie erinnern sich? – Schön.
Das weitere planmäßige Vorgehen wie folgt: Vor Eintritt des nun nicht mehr abwendbaren vollständigen Kontrollverlustes öffnet sie ihre … Spange! … Haarspange … Wirft den Kopf ruckartig nach hinten und schüttelt ihn heftig. Denke erst: Grobmotorische Störung? Epileptischer Anfall? Aber dann schalte ich blitzschnell … Na klar, wegen der Haare … damit sie Volumen entwickeln und wildkatzenhaft wirken, ohne zu … klumpen. *(Macht es vor, dann im Stile des berühmten Werbespots)* »Hamburg … *(blickt auf seine Uhr)* Nachmittag – 15:08 Uhr – die Frisur sitzt!« Das ist <u>das</u> klassische Kapitulationsritual: *(Musik: »Je t'aime«)* Eine Frau, die ihre Haarspange öffnet, signalisiert damit unverhohlen ihre … na egal … Jedenfalls ist sie nun betäubt vor Glück, ihr ganzer Körper zuckt ekstatisch, sie atmet, hyperventiliert geradezu … und stammelt der Ohnmacht nahe … wirres Zeug … ähm … dass es für jede Frau der Welt nur einen einzigen Mann gebe und endlich habe auch ihr die Bestimmung (ohne zu konkretisieren, ob eine gesetzliche Bestimmung gemeint ist) den Richtigen zugeführt … ähm … dass nun ein neuer Stern am Himmelszelt erstrahle, heller

als alle anderen, und jeder Stern stehe für zwei Herzen, die zueinander gefunden hätten. Und so weiter. Spiel, Satz und Sieg! Abschließend sollte noch ein viereinhalbminütiger Monolog folgen, den ich schon auswendig gelernt hatte. Abends dann Musik, Blumen, Essen beim Italiener ... das volle Programm. So weit mein Plan. *(»Je t'aime« endet abrupt.)*

Die Probleme begannen damit, dass sie dieses Kleid immer trug. Immer! Tage, Wochen, Monate. Nicht, dass sie transpiriert hätte, aber gewundert hat's mich schon. Eines Nachts wachte ich schweißgebadet auf. Oder vielmehr ich wurde von meiner Frau wachgerüttelt, weil ich so furchtbar schrie. Was, wenn die Umlauf mich durchschaut hat und sich nicht mehr aus dem Kleid traut?! Wie würde es im Winter aussehen, wenn sie im Sommerkleidchen und in Sandalen zur Weihnachtsfeier kommt?! Vorgesetzte, Mitglieder des Personalrates oder der Gewerkschaft würden sie darauf ansprechen. Und irgendwann würde die ganze grausame Wahrheit aus ihr herausbrechen. Sie würde toben wie eine Furie und dabei unaufhörlich meinen Namen schreien: »Freeeeedeeeeenbeeek!« Immer wieder »Freeeedeeeenbeeek!!!!!« Es würde als gewaltiger, überirdischer Donner durch die Dienststelle hallen ... Zahllose züngelnde Echos würden es als Gestalt gewordene, widerwärtige, hysterisch lachende Fratzen in jedes Büro treiben, in jede Mauerritze ... Für Gehörlose und Schreibkräfte mit Diktiergerät im Ohr würden sie sich zu fetten Buchstaben formieren: »Es war FREDENBEK.« Unter Führung der Gleichstellungsbeauftragten würden aufgeregte Sachbearbeiterinnen die Polizei rufen.
Dann würde ein Spezialeinsatzkommando, kurz SEK, mein Büro stürmen und mich mit Tränengas kampfunfähig machen. Die Einsatzkräfte kriegen das Bundesverdienstkreuz am Bande ... und einen Tag Sonderurlaub nach § 11 Abs. 1 Satz 2 Sonderurlaubsverordnung, kurz SUrlVO, der Bundesbeamten und Beamten im Polizeivollzugsdienst zusteht, die unter Einsatz ihres Lebens eine Gefährdung der Öffentlichkeit ab... *(hält inne)* ... Wobei der hier zugrunde liegende Antragsgrund bei korrekter Anwendung der

Bestimmungen gar nicht geeignet ist … ich meine streng genommen … Na, egal, sollen die Jungs sich amüsieren. Haben schließlich einen Beamten erlegt. Auch wenn der Antragsgrund, selbst bei wohlwollender Auslegung, in der Tat fraglich ist.

(Plötzlich ganz sachlich) Wissen Sie eigentlich, warum der 3. Oktober Feiertag ist? – Nein, wissen Sie nicht. Sie glauben nur, Sie wüssten es. Der tatsächliche Grund ist, es ist der Todestag von Franz-Josef Strauß. Lesen Sie's nach … 3. Oktober 1988: Franz-Josef Strauß stirbt in einem Regensburger Krankenhaus. Aber das nur mal am Rande.
(In die vorherige Emotion zurückfallend schlägt er entsetzt die Hände vors Gesicht.)
Oh Gott, und ich bin am nächsten Tag in der Zeitung … als Fredenbek The Ripper, die Hände mit Handschellen auf dem Rücken, schmerzverzerrtes Gesicht … als suchte ich meinen Radiergummi… hinter mir die beiden SEK-Beamten, wie man es aus den Filmen kennt … in schusssicheren Westen und maskiert. Darunter, wie einst bei Saddam: »SIE HABEN IHN!« Bestenfalls werde ich nur disziplinarisch belangt und auf eine nordfriesische Hallig strafversetzt. Von April bis Februar wäre ich allein. Kontakt zur Außenwelt bestünde nur mehr durch Gespräche mit der letzten nach Konrad Lorenz bestehenden Gruppe Ornithologen, die alljährlich im März das Brutverhalten des Schnellen Strandläufers beobachtet. Peng! Puff! Finito! Die erstbeste Sturmflut würde meine klitzekleine Hallig von der Landkarte verschwinden lassen. Ich treibe auf einer Holzplanke auf die offene See hinaus. Schlagartig weiß ich, dass ich mein vorgesehenes endgültiges Lebensaustrittsalter nicht mehr erreichen werde.
(Möwenkreischen, Meeresrauschen.) Mir fällt nicht mal auf, dass diese Holzplanke jenes Schild ist, das vor meiner klitzekleinen Dienststelle stand … von mir auf der anderen Seite eigenhändig beschriftet: »Sprechstunde nur mittwochs von 13:00 – 13:15 Uhr.« Ein Möwenschiss trifft mein linkes Auge frontal. Ich bekomme Mittelaugenentzündung.
Ein einäugiger Zyklop … ein geschundener einäugiger Zyklop … ein bis zum Verrecken lebenszeitverbeamteter, geschundener einäugiger Zyklop

… der in nicht enden wollender Pflichterfüllung den Launen der Naturgewalten schutzlos ausgeliefert ist … Haben Sie es bemerkt? Ich habe es gerade gesagt. Mehrfach. Ist Ihnen nichts aufgefallen? »Einäugiger Zyklop ist … na? Richtig: Tautologie! Wird ja langsam was mit Ihnen. Wurde auch Zeit. – Muss toll für Sie sein, einen so unterhaltsamen Abend zu verleben und dabei auch noch was zu lernen. Die brütende Hitze gibt mir den Rest. *(Gen Himmel rufend)* Gib's mir, Zeus! Mach mich fertig! *(Erläuternd)* Dieser antiquierte griechische Wettergott kommt mit dem Klima…wandel einfach nicht klar!

Wie ich also aufs offene Meer zutreibe, gerate ich ins Delirium. *(Erläuternd)* Also, Delirium wie folgt: Da … da … ein Rettungsschiff der Küstenwache! Ich rufe mit letzter Kraft: »Hierher! Hierher!« … und … oh mein Gott, das Schiff nimmt tatsächlich Kurs auf! Gleich wird der Bordarzt oder seine … attraktive Assistentin meinen Puls fühlen und beruhigend auf mich einreden. Meine Stimmung steigt exorbitant! – Während ich mit dem rechten Auge gegen die sengende Sonne in die Höhe blicke, hat sich der Möwenschiss aus der Niederung des linken Auges bereits partiell befreien können und verläuft nun diagonal über die Nase – quer übers ganze Gesicht – bis sich seine Spur in den porösen Unreinheiten des rechten Mundwinkels verliert. Ich weiß, dass ich erbarmungswürdig aussehe. Wie in Zeitlupe beugt sich der Kapitän zu mir runter und führt ein Megafon an den Mund *(ein Megafon wird aus dem Off gereicht)*: »Na, Kollege Fredenbek, haben wir denn einen fristgerechten ›Antrag auf Anbordnahme‹ gestellt? Hm … haben wir das, wir beide?« Und als Echo hallt nach: »…bordnahme …nahme … beide …eide …eide.« An der Reling … schallendes Gelächter … da steht, wie an einer Perlenkette, die ganze Mannschaft einschließlich Schiffskoch und lacht sich tot. *(Plötzlich sachlich)* Ich weiß, dass Rettungsschiffe keinen Schiffskoch haben. Aber vergessen Sie nicht, ich bin im Delirium. Da geht's nicht immer logisch zu. Der Kapitän – mein Gott: es ist Rauschenberg! – greift wieder zum Megafon, ich werde panisch: »Hab ihn gleich! Hab ihn gerade noch gesehen!« Ich suche so verzweifelt, dass ich abrutsche, die Planke umschlägt und nun für alle sichtbar steht:

»Sprechstunde nur mittwochs von 13:00 – 13:15 Uhr.« Plötzlich verdunkelt sich der Himmel, ich blicke wieder mit dem rechten Auge nach oben. Es ist nicht das Raumschiff aus »Independence Day«, sondern ein gigantisches Homann-Radiergummi. Ich rufe: »Komm, put, put, put ... mach das weg ... danach bist du frei ... ich unterwerfe mich ... biitttteee!!« Aber das Homann-Gummi lacht sein gehässiges »Ich-sitze-am-längeren-Hebel-Lachen« ... und die ganze Mannschaft stimmt mit ein. Ich werfe mich auf die Aufschrift, will sie mit meinem Körper abrubbeln ... Ich weine ... aber es ist zu spät ... das Megafon kennt kein Erbarmen: »Eine Viertelstunde pro Woche ... und kein Antrag ... tztztztz ... Na, dann Mast- und Schotbruch, Herr Kollege« ... »Schotbruch ...otbruch ...« Er winkt mir noch seemännisch zu – ahoi! – dann werden Schiff und Gummi immer kleiner ...

(Dem Schiff nachblickend) 300 Meter ... 543 Meter ... 877,5 Meter. *(Im Stile des Films »Das Boot«)* Boot ist nicht zu halten, Herr KaLeu, *(flüstert)* Boot ist nicht zu halten ... Boot ist nicht zu halten ... Boot ist nicht zu halten.

Irgendwann ... ich weiß nicht wann ... strande ich auf einer Seehundsbank, wo ich meine restlichen Tage verbringen muss, weil mir Touris, die auf Ausflugsdampfern vorbeischippern, nur zuwinken: Huhuuuuu! Juhuuuuuuuuuuuu!! Erst wenn mir die Urkunde zum vierzigjährigen Dienstjubiläum ausgehändigt werden soll ... in dreizehn Jahren ... werden sich alle fragen, wie lange ich wohl schon tot bin ... Und meine Frau bekommt einen Bescheid, mit dem meine Bezüge zurückgefordert werden ... zurück bis zu dem Tag, der durch Gerichtsbeschluss als Datum des offiziellen Verschellens ... also ... des Verschollenseins ... festgesetzt worden ist. Geschieht ihr recht, ihr und ihrem Scheißitaliener. *(Mit Nachdruck)* Scheiß...germanophiler ... Italiener!

Aber wenn ... nach Jahren ... mein Leichnam ans Festland gespült wird, ja, dann wird es euch noch leidtun:

(Kurzes Orgelspiel, dann im pastoral-andächtigen Ton) Liebe Gemeinde! Wir sind hier zusammengekommen, um Abschied zu nehmen von Hans Fredenbek, der den letzten Abschnitt seines Lebens *(plötzlich bösartig)* unter Seehunden

zugebracht hat – und schließlich einer von ihnen geworden ist. Wir verneigen uns vor einem Mann, der sein eigener Freund sein musste, weil da niemand war, der sein Freund hätte sein können. Der »ja« zu sich selbst sagen und sich liebevoll auf den Arm nehmen musste. Wer hätte es sonst auch tun sollen? *(Lauter)* Hans Fredenbek spürte sich jeden Tag unter sengender Sonne und in eisigen Nächten – oh ja, das war er! *(Noch lauter)* Vergib ihm, oh Herr, denn er muss unendliche Qualen durchlitten haben. Wir werden ihm ein ehrendes Andenken bewahren und verleihen ihm posthum den goldenen Hering!!! – *(Wieder andächtig, im Versmaß)* Und ihr, Gemeinde, sollt Tag und Nacht nicht ruhen, drum gehet hin – Buße tun! Herr, mach in ihnen deinem Geiste Raum, dass sie dir werd' ein guter Baum! Beichtet eure Sünden, denn aller Ort will ich's verkünden: Nur Fredenbek, der Hans, hat Deiner würdig sich erwiesen, und ließ ... ähm ... Bart und Haare sprießen. Der Herr hat's gegeben, am Herrn bleibt's nun kleben. *(Singt)* Kyrie e-ley-son! ... Ähm ... Amen. *(Kurzes Orgelspiel.)*

Aber der tatsächliche Geschehensablauf war eines Tages ganz anders. Sie, also Karin, trug eine Hose und feste Schuhe, was auch den sechzig Zentimetern Neuschnee, die über Nacht gefallen waren, entsprach. Sie lehnte mit einer gewissen aufreizenden Lässigkeit am Kopierer, obwohl kein Kopierauftrag lief. *(Aufgeregt ins Publikum)* Kein Kopierauftrag, verstehen Sie! Rief da gerade das Schicksal: »Tu es! Jetzt!«? Oder hatte sie sich lediglich den Witterungsverhältnissen gebeugt? Ich hätte meine gesamten Pensionsansprüche gegen den »Fifty-Fifty-Joker« eingetauscht. Und dann hörte ich in mir vertrauter Stimme den Satz, der seit Monaten mein Leben dominierte: »Oh, wie schade, dass Sie Ihr Kleid nicht mehr tragen.« In diesem Moment ... entschuldigen Sie, es geht nicht anders ... nur ganz kurz ... *(er betritt wieder das Laufband und erzählt laufend weiter)* rutschte mir meine Frühstücksbanane aus der Hand ... Geahnt hab ich das. Geahnt!
Es gibt auf der ganzen Welt kein erbärmlicheres Bild als einen Verehrer, dem im entscheidenden Moment die Banane aus der Hand rutscht. Den weiteren Verlauf möchte ich Ihnen ersparen. Jedenfalls esse ich jetzt

überhaupt kein Obst mehr. In der DDR gab's praktisch keine Bananen. Sich einer Frau ohne Banane zu nähern, ist in totalitären Staaten ... einfacher. *(Er geht vom Laufband.)*

Auch Rauschenberg hat es mal ganz übel erwischt. Ich kriegte ... rein zufällig ... mit, wie er seiner Sekretärin eine ... sagen wir mal ... gewisse Offerte machte. Dabei klang seine Stimme merkwürdig verzerrt, wie bei diesen Anrufen in Krimis, wenn der Entführer eine Million in kleinen Scheinen verlangt und den Übergabeort nennt. Ich weiß nicht, wie die das in den Krimis machen, aber Rauschenberg hatte den Text auf sein Diktiergerät aufgenommen. Er setzte auf den Tarneffekt. (Sie konnte ihn ja nicht sehen und die Stimme war ihm nicht eindeutig zuzuordnen!) Er muss nach Abwägung aller in Betracht kommender Umstände zu dem Schluss gekommen sein, dass er selbst im schlimmsten anzunehmenden Fall ... also rein theoretisch jetzt ... aus Mangel an Beweisen auf freien Fuß zu setzen gewesen wäre. – Aber dazu kam es gar nicht. Er sagte: »Ich schmecke nach Vanille ... überall«, und sie: »Woher wissen Sie das?«, und er: »Jahrelange Einsamkeit und viel Yoga«, und sie: »Und ich bin lesbisch!«, und er: »Oh, das hab ich nicht gewusst«, und wieder sie: »Ist auch gerade erst passiert!«

(Das Telefon läutet. Ähnliches »Procedere« wie beim ersten Anruf, schließlich nimmt er doch ab.) Fredenbek ... Hm ... hm ... hm ... Nein, Sie müssen persönlich unterschreiben. Oder der mit Ihnen in häuslicher Gemeinschaft lebende Ehegatte. Sie können auch jemanden bevollmächtigen ... Ja, ihn autorisieren, dass er für Sie unterschreiben darf ... Der Gesetzgeber hat das so festgelegt ... Wen wollen Sie sprechen? Den Gesetzgeber? *(Leise ins Publikum)* Ist der besoffen? *(Ins Telefon)* Der Gesetzgeber hat heute ... ähm ... frei ... Wie? Nein, nein, da haben Sie sich verhört, ich meinte: Das macht mich betroffen. *(Leise ins Publikum)* Ich hab doch den Hörer zugehalten, wieso hat der das gehört? *(Ins Telefon)* Was, <u>das</u> haben Sie <u>auch</u> gehört?! ... Nein, dass Sie der stellvertretende Vorsitzende der »Selbsthilfegruppe Strafentlassener e.V.« sind, ist hierfür unerheblich ... Sie treffen sich jede

Woche im Bürgerhaus ... hm, hm ... Gehen schon mal gegen staatliche Willkür vor ... hm ... Kommt mir irgendwie bekannt vor ... Ich habe überhaupt nichts gegen Strafentlassene ... Nein, wirklich, freut mich, dass Sie nun geläutert sind ... Wie? ... Ob Sie unschuldig verurteilt wurden, ist mir egal ... So war das nicht gemeint, Herrgott noch mal! Es ist mir nur in dem Zusammenhang egal, über den wir gerade reden ... Na gut, meinetwegen, ich höre ... aha ... Urlaub in Libyen ... hm ... hm ... Und die Waffen auch aus Libyen ... Na, dann kein Wunder ... Ich bitte Sie: Wenn Sie in Libyen Urlaub machen und kurz darauf schwere libysche Waffen, mit denen gerade die Bundesbank überfallen wurde, in Ihrem Müllcontainer finden und Sie das nicht der Polizei melden, sondern die Waffen in Ihren Keller ... Ach so, schon vorbestraft ... auch Verstoß gegen das Waffengesetz ... Handgranaten aus Armeebeständen? ... Hm ... Was, Sie haben noch welche zu Hause?! Vor sich auf dem Tisch?! Oh Gott ... Ich, ich schick Ihnen den Vordruck zu, ich meine, es geht auch ohne. Diese blöden Vordrucke ... das muss ja nicht sein ... Ja, ja, vergessen Sie es einfach ... Keine Ursache. Schönen Tag noch und ganz liebe Grüße an die Frau Gemahlin ... Ach so, ja, aber sicher finden Sie bald eine. So ein Granatentyp wie Sie.

(Er legt auf, dann rechtfertigend ins Publikum) Bestimmte Situationen erfordern ein ebenso bestimmtes Handeln. *(Plötzlich nimmt er den Hörer, legt eine Hand auf die Muschel und simuliert ein Telefonat. Er dreht das Muschelgehäuse ab und betrachtet das Innenleben. Dann hebt er das ganze Telefon hoch und betrachtet es von allen Seiten. Leise und tief erschüttert)* Ich werde abgehört. Mein Gott ... mein Gott.

(Er steht auf. Plötzlich mit männlich markanter Stimme) Aug in Aug, Mann gegen Mann ... *(Musik: »Spiel mir das Lied vom Tod«, Lichtstimmung: »Sonnenuntergang«)* ... Hank und die Jungs sind schon fort ... Sie haben Rache geschworen ... Keine Seele mehr in der gottverdammten Stadt ... Nur klappernde Saloontüren im Wind und – ganz entfernt – das Heulen der Kojoten ... Die gottverfluchten Rothäute haben die Farm niedergebrannt ... *(Abrupt sachlich)* Wussten Sie, dass Indianer nur bei schönem Wetter

Krieg führten, weil sich bei Regen der Leim aufgelöst hätte, den sie für Pfeile und Bogen benutzten? *(Wieder männlich markant)* ... Sie ... haben alle skalpiert ... bei lebendigem Leibe ... Sioux, Apachen, Schoschonen, Inkas, alle auf einmal ... Aber dafür werdet ihr bluten, ihr Hunde ... *(Lauter)* Jawohl, bluten!
(Die Tür öffnet sich. Eine sanfte, verständige männliche Stimme aus dem Off: »Es ist ja gut! Schönen Feierabend, Herr Fredenbek. Machen Sie noch mal Ihren Kassettenrecorder an, das wird Ihnen guttun. Und dann Schluss für heute. Gönnen Sie Rosinante eine Pause. Tschüss.« Er geht ab.) Du verhöhnst mich, du räudige Ratte?! *(Hilfe suchend ins Publikum)* Räudige Ratte ... sagt man das? *(Wieder männlich markant)* Alles, was ein Mann braucht, ist sein Gaul, sein Colt und das Gefühl von Freiheit ...

(Die Tür öffnet sich erneut, eine weibliche Stimme: »Bis morgen, Frederchen, schließen Sie bitte unten ab, wenn Sie gehen. Ihre Feinde wollen auch langsam nach Hause. Ciao.« Aber Fredenbek reagiert nicht, sondern hält den Blick demonstrativ von der Tür abgewandt.) Dreh dich nicht um, Mann! Sie weiß, dass du sie liebst. Nimm deinen Gaul und geh nach Westen ... *(beide sprechen den folgenden Text gemeinsam. Es wird deutlich, dass Fredenbek ein arbeitstäglich wiederkehrendes »Feierabendritual« abspult, das die Kollegen mittlerweile wörtlich mitsprechen können)* ... wo die Sonne verdammt tief steht ... Sie muss jetzt ohne dich klarkommen ... Du hast ihr Schutz gegeben, als die Carsson-Bande die ganze Stadt in Angst und Schrecken versetzt hat ... Jim, Henry, Joe, Bill und ihr Vater John, besser bekannt als »Big Snake« Carsson, der einer Fliege aus achtzig Fuß ein Auge herausschießen konnte. Aber du hast sie alle erledigt ... *(die weibliche Stimme einen Tick zu früh: »Jim, Henry, Joe, Bill und ...« Fredenbek stoppt sie mit verächtlichem Blick und setzt allein fort)* Jim, Henry, Joe, Bill und »Big Snake« ... Die Leute wissen nicht, wie sie dir danken sollen, aber du willst keinen Dank. Du blickst noch einmal auf die *(zählt rasch mit den Fingern durch)* fünf Toten und dann sehnsüchtig in die Ferne. *(Die weibliche Stimme: »Tschüss, Frederchen. Jetzt muss ich aber wirklich. Nehmen Sie den 11er, der hält direkt vor Ihrer Tür. Und denken Sie an die Milch und das Brot.« Sie schließt die Tür.)*

(Die Tür fliegt erneut auf. Eine männliche Stimme: »Das Gebäude ist von Scharfschützen umstellt! Legen Sie die Waffe auf den Boden und kommen Sie mit erhobenen Händen raus! Sie haben das Recht zu schweigen! Alles, was Sie sagen, kann gegen Sie … ähm …« Eine flüsternde Stimme aus dem Hintergrund: »… verwendet werden!« Die erste Stimme flüsternd: »Was?« Die andere Stimme: »… kann gegen Sie verwendet werden!« Die erste Stimme rufend: »… ganz genau … kann gegen Sie verwendet werden!«)

Wirklich nur die Hände? Oder meinen Sie die Arme mit den Händen dran?
(Die andere Stimme: »Was meint er?« Die erste Stimme: »Ob wir nur die Hände meinen oder auch die Arme.« Die andere Stimme: »Versteh ich nicht. Gibt's denn auch Arme ohne Hände … arme Arme.«)
(Erläuternd) Ihre Anweisung ist unpräzise. Sehen Sie mal. Nur die Hände wäre so *(macht es vor)*. Hände mit Armen wäre so *(macht es vor)*.
(Die erste Stimme: »Ich bin's nur. Kleiner Scherz zum Dienstschluss. 'tschuldigung.«)
(Nach kurzem Zögern) Von mir auch! Kleiner Gegenscherz. Macht doch nichts, Herr Helmesdorfer.
(Die erste Stimme: »Brinkmann. Helmesdorfer ist der … Hausmeister.«)
Der gute alte Helmesdorfer. Wer kennt ihn nicht, diesen wunderbaren Hausmeister.
(Die erste Stimme: »Sorry auch für den Anruf.« Da Fredenbek die Anspielung nicht versteht: »Handgranaten.«)
War mir klar, dass Sie das waren.
(Die Tür wird geschlossen.)

Manchmal vergesse ich sogar meinen eigenen Namen. Oder vielmehr, ich vergesse ihn nicht, aber ich kann ihn für einen Moment nicht mit meiner Person in Verbindung bringen. Gestern sprach mich jemand an: »Herr Fredenbek …« – »… Fredenbek … wer … ich?« – Manchmal verstehe ich einfachste Zusammenhänge nicht. Wenn meine Frau fragt: »Brauchst du heute Abend den Wagen?«, dann frage ich mich: Will sie verreisen? Wenn ja – wohin? Und vor allem: mit wem? Wann kommt sie wieder? Kommt sie überhaupt wieder? Oder ist das für eine Bauch-Beine-Po-Teilnehmerin die übliche Methode, die Beendigung der häuslichen Gemeinschaft mitzuteilen? Und was, frage ich mich, wenn sie da, wo sie hinwill, nie ankommt, weil sie unterwegs von einer seltenen Form von Gedächtnisverlust heimgesucht wurde und nun ziellos herumirrt. Dann frage ich mich allen Ernstes: Bin ich jetzt getrennt lebend ... ich meine, im steuerrechtlichen Sinne? – Das ist doch nicht normal!

Apropospo. *(Jetzt richtig betont)* Apropos Po! Sie treffen sich jeden Mittwoch. Sieben Frauen, ein Mann. »Bauch-Beine-Po«. Ich hatte ja keinen Schimmer, bis ich's bei Google eingegeben habe: »Bauch-Beine-Po, Männer und Frauen.« *(Zunächst erschüttert)* Lieber Gott im Himmel! Wozu Menschen und meine Frau fähig sind! *(Dann mit Bedauern)* Mit mir ist sie nie so.

Manchmal fragt meine Frau: »Was willst du eigentlich?« Sie versteht aber nie, was ich meine, wenn ich klipp und klar sage: »Ich beantrage nur die Wiederherstellung des Zustandes, der bestanden hat, bevor du ihn außer Kraft gesetzt und durch den derzeit gültigen ersetzt hast.«

(Flüsternd) Wenn ich gar keine Frau hätte, wäre ich dann trotzdem ständig im Unrecht?

(Das Telefon läutet. Er zählt die Klingeltöne wieder angespannt mit und greift nach dem achten Läuten schließlich zum Hörer, nun wieder im normalen Tonfall) Fredenbek ... *(Ins Publikum)* Unsere Poststelle ... *(Wieder ins Telefon)* Ein Paket ... für mich persönlich? Bitte zurück an den Absender ... Doch, doch, Sie haben völlig richtig verstanden: Ich verweigere die Annahme ... Ist mir egal, wer der Absender ist ... Geben Sie mir mal den Post-Fuzzi. *(Energisch)* Ich weiß, wie das bei euch Brüdern läuft! Man unterschreibt jetzt auf solchen elektronischen ... wie auch immer die Dinger heißen ... und landet damit in eurem Datenbestand ... Ruckizucki wisst ihr, wo unbescholtene Bürger ihre Videos ausleihen und schon *(brüllt)* bin ich ein Perverser! *(Er knallt den Hörer auf das Telefon, das sofort erneut läutet. Brüllt ins Telefon)* Mich kriegt ihr nicht!! ... Oh, Herr Rauschenberg ... Ach, wissen Sie, Fasching ist nicht so mein Ding. Ich amüsiere mich auch hier ganz

prächtig. – Ich darf Herrn Rauschenberg an den Orkan erinnern? … Wie bitte? *(Flüsternd ins Publikum)* Er fragt: »Welcher Orkan?« *(Ins Telefon)* Der gestern einen Baum in Ihrem Garten zum Umsturz gebracht hat. Sie haben jetzt einen Dachschaden … ich meine, im Dach Ihres Hauses ist ein riesiges Loch und Ihr Auto ist total demoliert. Herr Rauschenberg müssen deshalb mit dem Bus fahren und im Gartenhaus übernachten. *(Ins Publikum flüsternd)* Sie stellten zudem fest, dass Sie mit der Versicherungsprämie im Rückstand sind, sodass der Schaden wohl nicht reguliert wird.
(Pause.) Ach ja, stimmt … Ein umstürzender Baum hat ein riesiges Loch in mein Dach gerissen und mein Auto demoliert. Deshalb muss ich den 11er nehmen … Milch und Brot nicht vergessen. Ich muss im kalten Gartenhaus … Oh Gott … ich bin ruiniert … Ja, stimmt … so war das auch.
(Der Kassettenrecorder schaltet sich erneut ein: »Eine wohlige Wärme durchflutet dein inneres Ich …«) NEIN! Nicht jetzt, jetzt nicht! Keine wohlige Wärme jetzt! *(Er schlägt wütig auf das Gerät, das danach verstummt. Ins Telefon)* Herr Rauschenberg, entschuldigen Sie bitte, ich … Was? Oh, das war nur ein … Auffahrunfall. – Nein, nicht in meinem Büro. Draußen vor meinem Büro. – Hallo? … Herr … Hallo? …

(Ein Fax geht ein. Er nimmt es an sich und betrachtet es). Marita Fredenbek! Die kenn ich. *(Liest)* Betrifft: Beendigung der häuslichen Gemeinschaft.
(Was er weiter liest, ist als weibliche Stimme zu hören, wobei die Klammerzusätze »Klammer auf« und »Klammer zu« gesprochen werden.)
»Mein lieber Hans,
habe nun endgültig entschieden, dich zu verlassen. Um es für dich anschaulicher auszudrücken: Die häusliche Gemeinschaft ist dauerhaft beendet. Irgendwann musste es ja so kommen. Du musst jetzt auch ohne deinen Lebensretter auskommen, der dich in Norwegen aus dem Fjord gezogen hat, denn auch für den Hund ist es nach zwei Wochen zu kalt im Gartenhaus – auch wenn es dir sicher so vorkommt, als wäre der Orkan erst gestern gewesen. In den Nachrichten hörte ich, dass es diplomatische Verwicklungen mit Italien gibt. Der italienische Botschafter ist nach Rom zurückbeordert worden. Ich hoffe sehr, dass das nichts mit dir zu tun hat. Ich habe dir deine wichtigsten

Sachen mit der Post ins Büro geschickt, müssten heute ankommen: die Radiergummisammlung und diese ... Ordner. Sehr fantasievoll, mein Lieber, hätte ich dir gar nicht zugetraut.

Gruß Mary

P.S.: *Nun brauchst du nicht mehr an das Brot und die Milch denken, aber das hast du ja sicher ohnehin schon vergessen.*

P.S.1: *Thorsten möchte endlich seinen Kassettenrecorder wiederhaben. Ist doch sein.« (Wiederholt monoton)* Sein ... *(plötzlich theatralisch)* oder nicht sein! Das ist hier die Frage!

»P.S.2: *Für dich scheint die weibliche Seele ja eine Art stockfinstere Grotte zu sein.«* Stimmt!

»P.S.3: *Was bedeutet eigentlich ›AM‹?«* Hab auch jahrelang nicht gewusst, dass sie mit »Bin bei BBP« ihre Bauch-Beine-Po-Truppe meinte.

»P.S.4: *Meine neue Adresse ist Via San Raffaele 17, Mailand (bei Paolo Maldini).«* Sauber!

»P.S.5: *Wir hätten heute übrigens SHz (Silberne Hochzeit).«*

Geahnt hab ich das. Geahnt!!!!!!

EINLADUNG ZUM KLASSENTREFFEN

Personen: »Sie« und »er«, beide um die vierzig, Holger (»ihr« Ex-Mann), Therapeutin
Fahrgäste im Zug: Dame im Nebenabteil; Charlotte und Hans Würfel, Karl Röttger

Bühnenbild: Die Bühne ist »halbiert«: Die linke Hälfte zeigt zwei benachbarte Abteile in einem Zug, in einem sitzt »sie«, in dem anderen eine Zeitung lesende Dame mittleren Alters. In der rechten Bühnenhälfte steht »er« – für das Publikum nicht ersichtlich – vor »ihrer« Wohnung. Ein Blumenstrauß ist so abgelegt, dass das Publikum ihn nicht sieht.

(Handy läutet.)

Sie: Ja … hallo?

Er: Hi, hier ist Carsten. Mach dir keinen Kopf, wenn du nicht gleich drauf kommst. Ist schon bisschen her …

Sie: Carsten?

Er: Du musst zwanzig Jahre zurückgehen.

Sie: Zwanzig Jahre?

Er: Was war denn vor zwanzig Jahren?

Sie: Weiß ich nicht. Hab ich Abi gemacht.

Er: Bingo.

Sie: Ach, Carsten Heymann. Das ist ja n Ding. Von dir hab ich ja ewig nix gehört.

Er: Irgend'ne Ahnung, was ich von dir will?

Sie: In Mathe von mir abschreiben?

Er: Am 15. Juni liegt unser Abi genau zwanzig Jahre zurück. Ich hab die ehrenvolle Aufgabe, alle zusammenzutrommeln.

Sie: Woher hast du meine Handynummer?

Er: Wir haben die Abi-Liste unseres Jahrgangs von der Schulverwaltung angefordert. Ob du es glaubst oder nicht: da sitzt immer noch Frau Gölfert.

Sie: Was?!

Er: Ja, die olle Gölfert. Die gibt's immer noch.

Sie: Unfassbar.

Er: Ja. Bert und ich haben uns durchtelefoniert. Kai arbeitet bei der Meldebehörde, in schwierigen Fällen konnte er aktuelle Anschriften im Melderegister abfragen. Du wirst dich wundern, was aus einigen so geworden ist.

Sie: Berts hatten wir doch zwei. Bert Lange und diesen Komischen.

Er: Es ist der Komische. Bert Klinger.

Sie: Den hab ich gar nicht mehr vor Augen.

Er: Fettige Haare, bisschen untersetzt, leicht irrer Blick. Bert. Dumbo. Riesige Ohren. Der sich auch das andere Ohrläppchen stechen lassen musste, damit er nicht im Kreis fliegt.

Sie: Ach, der.

Er: Erinnerst du dich an Katharina?

Sie: Katharina …

Er: Die Kommunistin.

Sie: Kommunistin?

Er: Die Radikalfeministin. Die immer gegen alles war. Diese menstruell überreizte Krawallnudel.

Sie: Ach, die. Ja, jetzt … Die hatte ich schon erfolgreich verdrängt. Was ist mit der?

Er: Die ist jetzt Pastorin.

Sie: Nein!

Er: Doch! Außerdem FDP-Mitglied und hat fünf Kinder.

Sie: Nein!

Er: Doch! Die hat mich ne geschlagene Stunde zugetextet. Ich hab mich zwischendurch in die Wanne gelegt. Als ich mal wieder reinhorchte, referierte sie gerade über die Ehe: Ein Kind spürt schon im Mutterleib, ob die Eltern verheiratet sind, die emotionale Bindung ist dann viel stärker.

Sie: Zwischen Mutter und Kind?

Er: Zwischen den Eltern.

Sie: Aha.

Er: Ja, aha, hab ich auch gesagt. Deshalb ist die Eheschließung, in deren Zentrum das Zeremoniell der kirchlichen Trauung steht, viel mehr als ein rein formaler Akt.

Sie: Die hat sich echt verändert.

Er: Ach so, deine Handynummer habe ich von Birgit. – Was machst du jetzt eigentlich?

Sie: Lehrerin. Mathe und Sport. Am Hölderlin-Gymnasium in Uelzen.

Er: In Uelzen?

Sie: Ja. In Hamburg gab's keine adäquate Stelle. Mittlerweile gefällt es mir da so gut, dass ich den Weg gerne in Kauf nehme. – Und was machst du so?

Er: Gelegenheitsinformatiker.

Sie: Das gibt's?

Er: Ja, der Boom ist vorbei. Ich halte mich mehr oder weniger über Wasser.

Sie: Und sonst?

Er: Ja, sonst … nix.

Sie: Nix mehr Beate?

Er: Das war rein platonischer Sex.

Sie: *(lacht)*

Er: Nein, im Ernst: Da war nie was. Wir haben uns nur gut verstanden. – Und du?

Sie: Glücklich geschieden.

Er: Hm ... wusste ich schon von Birgit. Die Scheidung, meine ich. Ein Glück, hm?

Sie: Tja, wie soll ich sagen ... mein Mann und ich ... in unseren Vorstellungen von Partnerschaft gab es irgendwann keine Schnittmenge mehr, um es mal mathematisch auszudrücken. – Wo soll das Ganze denn stattfinden?

Er: Im »Holstenbräu«. Das findet selbst Jürgen. Der hatte ja das Talent, sich noch in einer Telefonzelle zu verlaufen.

Sie: Der mit den Räucherstäbchen ...

Er: Mit denen er fast seine ganze Bude abgefackelt hätte.

Sie: Und dieser sphärischen indischen Musik. Das war was für ganz spezielle Stimmungen.

Er: *(leise zu sich selbst)* Hörte sich an wie kleine Katzen beim Ertrinken.

Sie: Was?

Er: <u>Sehr</u> spezielle Stimmungen.

Sie: Mhmm. Bei dem wusste man nie so richtig, ob der ne echte Klatsche hatte. Diese Abi-Klausur mit der Ausländerproblematik, hatte er da nicht geschrieben ... *(muss lachen)*

Er: Ja, ja, das Wort »Migrant« kommt von »Migräne«!

Sie: Ja!!

Er: In Bio bei Herrn Evers mit todernstem Gesicht: Wenn sich eine Giftschlange in die Zunge beißt, muss sie dann sterben?

Beide: *(lachen)*

Sie: Und was macht der heute?

Er: Integrationsmaßnahmen für Langzeitarbeitslose.

Sie: Das passt.

Er: Er leitet diese Kurse bei der Arbeitsagentur.

Sie: Meine Güte, der hat sich auch verändert. – Und wo wohnst du jetzt?

Er: Immer noch in Hamburg. Bergedorf.

Sie: Da sind wir in derselben Stadt und begegnen uns nie.

Er: Manche brauchen eben etwas länger. – Wo bist du denn gerade?

Sie: Auf dem Nachhauseweg von der Schule.

Er: Könnten uns ja nachher treffen und das Thema vertiefen. Wie früher … Café unter den Linden?

Sie: Genau der richtige Ort.

Er: 15:00 Uhr?

Sie: Hm ... weiß nicht, ob ich das schaffe. Sind gerade erst losgefahren.

Er: Du sitzt in der Bahn?

Sie: Im IC, ja. Und Gott sei Dank allein im Abteil. Brauche ne Dreiviertelstunde nach Hause. Und dann erst mal ne Dusche ... Mach ich immer, bevor ich mich mit hartnäckigen Männern treffe.

Er: Eine weise Entscheidung. Man weiß ja nie, was mit den Hartnäckigen noch alles abgeht. – Für die Dame eine Schale Milchkaffee?

Sie: Boah, das weißt du noch? Muss ich Angst haben, dass alte Gefühle aufbrechen und du mich zum Nachtisch verspeisen willst?

Er: Welche alten Gefühle sollten das sein?

Sie: Das war ja nun die völlig falsche Frage, mein Lieber.

Er: So war das nicht gemeint. Wieso sprichst du von <u>alten</u> Gefühlen?

Sie: Wie jetzt?

Er: Ich erinnere mich noch sehr gut an eine ganz besondere Phase meines Lebens. Vor allem an eine ganz bestimmte Nacht an einem ganz bestimmten Ort. Sag nicht, du hast das vergessen.

Sie: Nein, aber wir waren jenseits ...

Er: ... jenseits von was?

Sie: Na ja, jenseits von allem. Jenseits von 1,8 Promille auf alle Fälle; bisschen was geraucht hatten wir auch.

Er: Wir waren authentisch.

Sie: Wir standen völlig neben uns. Ein desolater Zustand, wenn man's richtig nimmt.

Er: Wenn man's richtig nimmt, hat dieser desolate Zustand unser Innerstes nach außen gekehrt. Du warst völlig klar – zugekifft und eben deshalb klar –, kein Zweifel in deinem Blick, nicht der geringste.

Sie: *(Pause)* Ich bin gerade sprachlos, Carsten. Oder überfordert. Ich weiß nicht ... Ich sitze hier in der Bahn und du ... du ... Wir waren breit und zugekifft. Das zaubert jedem die Glückseligkeit ins Gesicht.

Er: Du weißt, dass es stimmt, was ich gerade gesagt habe.

Sie: Wie auch immer, es ist ein halbes Leben her. Es ist eine schöne Erinnerung. Aber damals ... das ... ist ein abgeschlossener Lebensabschnitt. Ein Früher.

Er: Ich dachte lange, ich müsste nur wieder einer Frau wie dir begegnen ...

Sie: Carsten, das ist wirklich ganz rührend von dir, es ist auch Öl auf mein angekratztes Ego. Aber, Mensch, du glaubst doch nicht, wir streichen zwanzig Jahre und machen einfach da weiter, wo wir damals aufgehört haben. Und wenn doch, dann frag dich mal, was mit mir ist, wie ich das alles sehe.

Dame im Nebenabteil *(wird hellhörig, legt ihre Zeitung beiseite und verfolgt das Telefonat nun mit zunehmender Aufmerksamkeit. Mimik und Gestik, vereinzelt auch Worte, kommentieren das weitere Gespräch)*

Er: Ja, ich frage dich: Was ist mit dir? Wie siehst du das alles?

Sie: Carsten, Vertrautheit und Nähe kann man nicht per Anruf reaktivieren. Das ist, als ob du einer Blume sagst: »Wachse schneller!« – Erinnerungen müssen Erinnerungen bleiben. Dazu sind sie da.

Er: Real ist das, was wir draus machen.

Sie: Carsten …

Er: Du bist das beste Beispiel: Du hast die Beziehung zu deinem Mann beendet, eure Ehe hat nicht funktioniert, keine Schnittmenge mehr, also …

Sie: Lass meinen Mann aus dem Spiel.

Er: Keine Schnittmenge … das sind deine Worte.

Sie: Du hast kein Recht, dich in meine Ehe einzumischen – und das tust du gerade – und die Beziehung mit einem Mann zu kritisieren, den du gar nicht kennst!

Er: Es ist nur ein Beispiel dafür, dass …

Sie: Du überschreitest gerade eine Grenze! Ich meine es Ernst: Wenn du dir anmaßen möchtest, meine Ehe zu kommentieren, ist dieses Gespräch beendet. Hast du das verstanden? – *(insistierend)* Ob du das verstanden hast?!

Dame im Nebenabteil: Ob du das verstanden hast, Kerl!

Er: *(leise)* Ja.

Sie: Ja.

Dame im Nebenabteil: Geht doch.

Er: Ich muss mich bei dir entschuldigen. Es tut mir leid. Sorry.

Sie: Dazu nur so viel: Dass es nicht mehr ging, lag nicht nur an ihm.

Er: Ich bin zu weit gegangen und das tut mir leid. Und das meine ich ganz aufrichtig.

Sie: Ich wusste, worauf ich mich einlasse. Er hat immer mit offenen Karten gespielt. Ich wusste, dass der berufliche Erfolg ihm über alle Maßen wichtig ist. Und dass für ein Kind in diesem Leben kein Platz ist. – Das war auch für mich erst mal okay. Aber mit Anfang dreißig hatten alle meine Freundinnen ihr Kind. Ich habe es erst mit Alkohol bearbeitet – dann mit Therapiestunden. Sonst noch Fragen?

Er: Schon gut. Du musst nicht darüber reden.

Sie: *(kann sich nicht stoppen)* Abends drei, vier Gläser Wein: immer rein damit, wenn's nur betäubt, wenn's den Schmerz lindert. Ich habe meinen Mann beschimpft, der gar nichts dafür konnte. Das verkraftet keine Beziehung, Carsten. Andere rennen von Pontius nach Pilatus, um schwanger zu werden, und ich ... ich ... *(Pause)* Carsten?

Er: Ja?

Sie: *(bestimmt)* Ich bin nicht mehr das nette Mädchen von damals. Ich habe mich verändert, und nicht nur zu meinem Vorteil. Es wäre nicht gut, wenn wir uns sehen. Lass uns einfach auflegen, okay?

Er: *(Pause – dann sehr vorsichtig)* Darf ich dazu noch einen Satz sagen?

Sie: Wenn ich Klartext rede, darfst du das auch.

Er: Deinem Mann war der Beruf wichtiger als ein Kind?

Sie: Ja.

Er: Auch wichtiger als du?

Sie: Glaub schon. – Ich weiß, das ist kaum zu vermitteln. Sein Erfolg war imponierend. Er ist die Karriereleiter regelrecht raufgefallen, war mit seinem Vertriebsnetz zuletzt für ganz Südostasien zuständig. Wir hatten ne riesige Eigentumswohnung, Porsche … das ganze Equipment, das seine Position angemessen repräsentierte.

Er: *(wie im bekannten Werbespot)* Mein Schaukelpferd, meine Badewanne …

Sie: So ähnlich.

Er: Marina?

Sie: Ja?

Er: Du weißt, was ich gerade denke. Oder?

Sie: Ja.

Er: Porsche …

Sie: *(freundlich)* Ja, leg nur den Finger in die Wunde.

Er: Was vertreibt er denn nach Asien, dein Mann?

Sie: Ex-Mann.

Er: Ex-Mann. Sorry. Handys?

Sie: Nein.

Er: Hmm, was brauchen Asiaten denn noch so … Reis bestimmt nicht.

Sie: Holger nannte es den kommenden Megatrend.

Er: Elektroautos!

Sie: Falsch.

Er: Das ist der kommende Megatrend.

Sie: Er ist in einem der weltweit führenden Konzerne für Sanitärtechnik auf energiesparende Spülsysteme für Toiletten spezialisiert.

Er: Das ist nicht dein Ernst!

Sie: Doch. Es gibt heute schon Prototypen, die ganz ohne Wasser auskommen. Holger meint, der nächste Krieg, der Weltkriegsausmaße hat, wird sich nicht ums Öl drehen, sondern ums Wasser.

Er: Toiletten. Stimmt, darauf wäre ich nicht gekommen.

Sie: Wusstest du, dass in vielen öffentlichen Pissbecken eine Fliege ins Emaille gebrannt ist und die Männer dann besser zielen, weil sie die Fliege treffen wollen? Und dadurch weniger Wasser verbraucht wird?

Er: Echt?

Sie: Ja, die Männer vernichten die Fliegen gnadenlos und die Toilettenfrauen müssen seltener nachreinigen. In Kaufhäusern bedeutet das noch was: Die Männer verlassen das Klo in dem Hochgefühl, ein Mammut erlegt zu haben. Plötzlich haben sie eine ganz andere Gelassenheit, mit ihrer Frau weiter einkaufen zu gehen – und der Umsatz des Kaufhauses steigt!

Er: Wahnsinn.

Sie: Du sagst es.

Er: Die Toilettenfrau Inge Drösing hat über dieses Phänomen ein Buch geschrieben: »Die letzte Spülung«.

Sie: Echt? Wusste ich gar nicht.

Er: *(lacht schallend)*

Sie: Du Mistkerl, wieso falle ich immer wieder auf dich rein!

Er: Und deinen Toilettenexperten ... den hast du in den Wind geschossen?

Sie: *(ausweichend)* Diese lächerlichen Veranstaltungen in Abendgarderobe. Seezungenrouladen mit Garnelenfüllung und Schmorgemüse

... und dann – perfekt auf die kulinarischen Genüsse abgestimmt – die ersten beiden Sätze von Schuberts Forellenquintett. Nicht zu vergessen die Laudatio auf irgendein scheidendes Vorstandsmitglied, in der sein charismatischer Führungsstil in den Himmel gelobt wird. Wenn ein inkompetenter Labersack von der Abteilungsdirektorin bis zur Praktikantin alles durchvögelt, was nicht bei drei auf den Bäumen ist ... ist das Charisma?

Er: Hmm ...

Dame im Nebenabteil: Das ist ein Arschloch, Mädchen!

Sie: Unsere Urlaube ... immer First Class ... immer Asien *(leicht verbittert, da sie eine konkrete Situation erinnert)* ... immer, immer Asien ...

(Rückblende: Ein First-Class-Hotelzimmer in Asien. Sie schläft noch. Holger kleidet sich zügig und möglichst lautlos an und packt eine kleine Reisetasche; er hat es offensichtlich eilig. Die Situation ist ihm sehr unbehaglich.)

Sie: *(erwacht)* Du stehst schon auf?

Holger: Ja.

Sie: Es ist *(blickt auf ihre Uhr)* halb sechs. – *(Ihr dämmert's)* Oh nein. Das ist nicht dein Ernst.

Holger: Ich bin heute Nacht zurück. Spätestens morgen Früh.

Sie: Gerade heute.

Holger: Ja, gerade heute. Es tut mir wirklich leid, Kleines. Es geht nicht anders.

Sie: Es tut dir leid. Es geht nicht anders. – Es tut dir immer leid und es geht nie anders! Wir haben eine Abmachung.

Holger: Du weißt, dass ich jederzeit kurzfristig abgerufen werden kann. Das gehört zu meinem Job.

Sie: Deshalb haben wir ja die Abmachung, dass du mir <u>vorher</u> klipp und klar sagst, ob wir wirklich Urlaub machen. Oder ob ich nur dekoratives Beiwerk für eine Geschäftsreise bin.

Holger: Ich wollte dir die Freude nicht nehmen. Das Meeting stand auch noch gar nicht definitiv fest. Das hat sich erst …

Sie: Seit wir hier sind, hast du keine Nachricht erhalten. – Ausgerechnet heute!

Holger: Ich …

Sie: Es ist immer dasselbe! *(macht Holger nach)* »In ein paar Monaten ist Peters so weit, dass er uns bei den Meetings vertreten kann. Eigentlich bin ich da jetzt schon überflüssig wie ein Kropf!« – Und jetzt willst du dich klammheimlich davonschleichen?

Holger: Um neun Uhr wärst du sehr freundlich geweckt worden. Dein Frühstücksplatz ist besonders hergerichtet. Da ist auch eine Nachricht von mir und eine Überraschung … So war's geplant.

Sie: Geplant … Und was meinst du, mach ich jetzt den ganzen Tag?

Holger: Ich bin heute Nacht zurück, versprochen!

Sie: Ich bin so enttäuscht, weißt du das? *(mit Nachdruck)* Ich bin so enttäuscht, das kannst du dir gar nicht vorstellen.

Holger: Spätestens morgen Früh.

Sie: Vielleicht bin ich dann nicht mehr hier.

Holger: Doch, das bist du.

Sie: Da sei dir mal nicht zu sicher.

Holger: Jetzt lass mich doch nicht mit so einem blöden Gefühl gehen.

Sie: Was erwartest du eigentlich … Absolution?

Holger: Sag einfach, dass es okay ist.

Sie: Du machst doch sowieso, was du willst.

Holger: *(verlässt das Zimmer)*

Sie: Weißt du, was kurios ist?

Holger: *(kommt wieder herein)* Na?

Sie: Ich hatte heute Nacht Angst, dich zu verlieren. In gewisser Hinsicht bewahrheitet sich das gerade.

Er: Was meinst du?

Sie: Ich habe von dem Fallschirmsprung geträumt, den du morgen machen willst.

Holger: Ja?

Sie: Ja. – Ich sitze mit dir im Flieger. Ich sehe zum Fenster raus und sage: »Das ist viel zu hoch; es sollten tausend Meter sein, sind aber bestimmt dreitausend.« Ich kriege panische Angst um dich … zu hoch … viel zu hoch! Ich bitte dich, nicht zu springen … Da drehst du dich ganz nah zu mir und meinst: »In Asien gibt's andere Maßeinheiten, alles hat seine Richtigkeit.«

Holger: Und?

Sie: Und … plötzlich bist du nicht mehr da. Da sitzt jetzt ein anderer … der hat kein Gesicht … eine konturlose Maske. – Oh, du hast wichtige Termine und ich halte dich mit meinen absurden Träumen auf. Ich glaube, ich habe jetzt keine Angst mehr um dich. Du kannst gehen, es ist okay.

Holger: *(verlässt das Zimmer)*

Sie: <u>Ich habe heute Geburtstag, du egoistisches Arschloch!!!</u>

(Die Rückblende ist beendet. »Sie« und »er« nehmen ihre vorherigen Positionen wieder ein.)

Er: Hab ich was Falsches gesagt?

Sie: *(noch in Gedanken versunken)* Nein … wieso?

Er: Ich meine überhaupt nicht, dass es Kinder zwangsläufig ausschließt. Aber bei seinem Beruf finde ich es irgendwie konsequent …

Sie: *(leicht gereizt)* Ja, ja, schon gut.

Er: Oh, hab ich da jetzt zu sehr ...

Sie: Hast du nicht, alles gut!

Er: Entschuldige.

Sie: Wofür entschuldigst du dich denn jetzt?!

Er: Ich weiß nicht ...

Sie: Ich auch nicht! – *(bedauert ihre Aggressivität sofort)* Sorry ... eine Minute ... ich muss nachdenken. *(Sie ringt sichtlich damit, ob sie das nun Folgende aussprechen soll, atmet schließlich tief durch.)* Carsten, ich ... ich ... bin dir eine Erklärung schuldig.

Er: Bist du nicht. Alles gut.

Sie: Doch, das bin ich. Meine Gereiztheit hat nix mit dir zu tun. Ich brauchte einen Moment, um für mich klar zu kriegen, ob ich mit dir darüber reden kann ... und will. – Ich vertraue dir jetzt was an, was sonst keiner weiß.

Er: Okay.

Sie: Vor drei Jahren hatte ich einen Abgang, also eine Fehlgeburt. Das hat meinem Leben den Rest gegeben. Seither habe ich regelmäßig Gespräche bei einer Therapeutin. Ich war siebenunddreißig, heute bin ich vierzig. Das war die letzte Möglichkeit.

Er: Wieso? Viele kriegen heute bis Mitte vierzig ihre Kinder.

Sie: Ja, wenn sie einen Partner haben, der auch eins will. Aber den hab ich nicht.

Er: Hast du nicht …

Sie: Nein.

Er: Hmm, schade.

Sie: Tja … schade … ich weiß nicht. Vielleicht soll es alles so sein.

Er: Wie hat dein Mann … Ex-Mann … das aufgenommen mit der Fehlgeburt?

Sie: Gar nicht. Er hat es gar nicht mitgekriegt. Er weiß es bis heute nicht.

Er: Aber das Kind … das …

Sie: Ja, es war von ihm. *(Pause)* Es hat genau gespürt, dass etwas nicht stimmt … dass es nicht vorbehaltlos willkommen ist … dass es einen Konflikt in mir ausgelöst hat. Deshalb habe ich es verloren. Nur deshalb.

Er: Aber nein.

Sie: Doch, genau so ist es.

Er: Das kannst du doch gar nicht wissen.

Sie: Doch, das kann ich. Auch wenn es sich für dich albern anhört: Ich habe ganz viel mit ihm geredet. Ich weiß es einfach, okay?

Er: Okay ... okay. – Marina?

Sie: Ja?

Er: Kennst du mich denn wirklich so schlecht? Ich finde es kein bisschen albern, dass du mit ihm sprichst, sondern total wundervoll.

Sie: *(Pause)* Es war wie bei meinem Bruder. Mein großer, toller Bruder, der bei unseren Eltern alles durchgesetzt hat, was später bei mir selbstverständlich war. Legt sich mittags hin ... und steht einfach nicht wieder auf. – Manchmal denke ich, das liegt alles an mir, ich bin an allem schuld.

Er: Schuld ... an was?

Sie: Wenn ich jemanden zu sehr liebe, dann ist es nur eine Frage der Zeit ... bis er stirbt.

Er: Glaubst du das wirklich?

Sie: Ja, manchmal ja. Als wäre meine Liebe zerstörerisch. Also nimm dich vor mir in Acht. – Ich dachte, jeder Mann will irgendwann ein Kind. – Ich wollte ihn allen Ernstes ... formen ... verändern. Ich habe so gedacht wie viele Frauen: »Hey, eigentlich habe ich einen ziemlich geilen Typen. Zu 78% ist der perfekt. In den nächsten drei Jahren wird die Mängelliste abgearbeitet und der Gute auf 100% optimiert.« Aber so funktioniert das nicht. Hat lange gedauert, bis ich das begriffen habe.

Er: Und da hast du dich von ihm getrennt.

Sie: Nein, er sich von mir.

Er: Er ... hat sich von dir getrennt?

Sie: Ja.

Er: Aber, Marina, du hast mir doch ...

Sie: Ich habe ganz bestimmt nicht gesagt, ich habe mich getrennt. »Glücklich geschieden« habe ich gesagt. Letztlich war es für uns beide der einzig gangbare Weg. Aber es war Holger, der mir das klargemacht hat. – Und du? Du willst mir nicht erzählen, dass du zwanzig Jahre lang keine andere Frau angeguckt hast.

Er: Natürlich begegnen einem gelegentlich Damen, die Ausschau halten nach alternativen ... Energieversorgern, um es mal ökologisch auszudrücken, und mich durchaus für die Position des zentralen Prinzen in Betracht ziehen.

Sie: Aber du willst ja nur mich. Ihr sitzt euch gegenüber, tiefer Blick in die Augen. Plötzlich spürst du, dass sie dich für diese Nacht zum Probeliegen vorgesehen hat, und stellst sofort klare Verhältnisse her: »Du, ich mag dich wirklich, aber es gibt da eine, die ich alle zwanzig Jahre mal anrufe, und ... tja ... zwanzig Jahre sind gerade heute wieder rum. Drum möchte ich, taktvoll, wie ich bin, vom Probeliegen Abstand nehmen. Ich mäh Rasen und dusch schnell kalt – geht auch.«

Er: Die Meisterin des feinsinnigen, vor Ironie triefenden Humors hat wieder zugeschlagen. *(Pause)* Ich hatte eine längere Beziehung ... die ging so viereinhalb Jahre.

Sie: Und?

Er: Wir passten so wenig zueinander wie du und Porsche. – Ich kam mir auch irgendwie schäbig vor, dass ich sie immer mit dir verglichen habe.

Sie: Du hast ihr von mir erzählt?

Er: Nein, aber sie hat natürlich gemerkt, dass ich Nähe nur sehr bedingt zulassen konnte. Und meine Stimmung dann oft in Traurigkeit abkippte. Auf Dauer ging das einfach nicht … für uns beide ging das nicht.

Sie: Verstehe. – Ich hab nun mal die Pole, an mir kommt keine vorbei.

Er: Die Pol?

Sie: Die Poleposition.

Er: Ach so, ja. Die hättest du bei uns beiden.

Sie: Euch beiden, aha, und ich dachte früher immer, du führst Selbstgespräche. Dabei vereinigt dein Körper zwei Wesenheiten.

Er: Nein, ich habe einen sechsjährigen Sohn.

Sie: Ups! Wo kommt der denn plötzlich her? Bei deinen Problemen mit Nähe ist das ja ein mittleres Mysterium.

Er: Ich …

Sie: Nee, schon klar. Sie hat dich ganz übel abgefüllt. Nur deshalb konntest du für wenige Minuten mein – ansonsten allgegenwärtiges – Bild verdrängen.

Er: Ich ...

Sie: Carsten ...

Er: Ja?

Sie: Bleib ganz locker, du bist mir keine Rechenschaft schuldig. – Lebt er bei dir?

Er: Bei seiner Mutter.

Sie: ... viereinhalb Jahre ...

Er: Er ist nicht aus dieser Beziehung.

Sie: *(prustet lachend los)* Was?! Du hast mich zweimal betrogen, du mieses Schwein?!

Er: Ich zieh in den Wald und rede nur noch mit den Tieren.

Sie: Jetzt geht's dir wie mir in der ersten Therapiestunde. Da klappte die Kommunikation auch erst nicht. Trotzdem war's irgendwie gut.

(Rückblende: Erste Therapiestunde. Die Therapeutin hat im laufenden Gespräch schon einiges von ihrer Klientin erfahren und in einem Notizblock festgehalten.)

Therapeutin:	Über Sie weiß ich jetzt schon ein bisschen. *(Sie stellt einen zweiten Stuhl neben den »ihren«.)* Deshalb stellen Sie mir nun bitte Ihren Mann vor.
Sie:	*(blickt irritiert auf den leeren Stuhl)* Tja ...
Therapeutin:	Wen haben Sie da mitgebracht? *(Nickt ermutigend.)* Da sitzt Holger. Neben Ihnen.
Sie:	Ja?
Therapeutin:	Mhmm. Ist das okay für Sie?
Sie:	Glaub schon.
Therapeutin:	Schauen Sie ihn sich an. Wie finden Sie den?
Sie:	Bisschen blass um die Nasenlöcher.
Therapeutin:	Wie kommt's?
Sie:	Na ja, er ist auch zum ersten Mal hier. Und im Gegensatz zu mir hatte er kaum Zeit, sich darauf einzustellen.
Therapeutin:	M-hmm. Wie geht's ihm damit, mit Ihnen hier zu sein?
Sie:	Keine Ahnung.
Therapeutin:	Fragen Sie ihn.
Sie:	*(zeigt unsicher auf den leeren Stuhl)*

Therapeutin: Ja.

Sie: Wie geht's dir hier? – Ich kann das nicht. Da sitzt keiner und ich kann auch nicht so tun.

Therapeutin: Sie können die Position der Stühle verändern. Stellen Sie seinen Stuhl woanders hin, wenn Sie möchten.

Sie: Das hat nichts mit der Position der Stühle zu tun. Mir fehlt die Fantasie. – Sie meinen, ich kann seinen Stuhl auch nach draußen stellen, auf den kalten Flur?

Therapeutin: Wenn Sie möchten. Möchten Sie?

Sie: Nein.

Therapeutin: Also alles okay so?

Sie: Ja.

Therapeutin: Er könnte zum Beispiel Ihre Hand nehmen. Wirklich nicht zu nah?

Sie: Nein.

Therapeutin: Fragen Sie ihn noch mal.

Sie: Möchtest du meine Hand nehmen?

Therapeutin: Fragen Sie ihn noch mal, wie es ihm geht. Hier mit Ihnen bei mir. Ist das okay?

Sie: Oh sorry. – Ist es okay für dich … hier … mit mir … bei ihr? *(muss lachen)*

Therapeutin: Was hat er gesagt?

Sie: Er redet noch. Ah, jetzt: Er meint: »Tonga, Kleines.« Das heißt, er ist einverstanden.

Therapeutin: Er nennt Sie Tonga?

Sie: Nein, Kleines.

Therapeutin: Und das …?

Sie: Nein, es stört mich nicht.

Therapeutin: Sie finden es nicht …?

Sie: Herablassend? Nein. – Entschuldigung, ich krieg's einfach nicht hin. Wär es nicht … ich mein, kann ich nicht einfach erzählen …?

Therapeutin: Okay, erzählen Sie …

Sie: Kann der andere Stuhl wieder weg?

Therapeutin: Natürlich. *(stellt den anderen Stuhl weg)*

Sie: *(nun deutlich entspannter)* Also, was für ein Mensch er ist … Was ich mir von ihm wünsche und so …?

Therapeutin: *(nickt)* Mhmm.

Sie: Er ist ein sehr erfolgreicher Geschäftsmann.

Therapeutin: Aber nicht nur, *(freundlich)* hoffe ich.

Sie: Natürlich nicht.

Therapeutin: Was noch? – Kann man ihm vertrauen? – Ist er kreativ, liebevoll … anstrengend, langweilig, arrogant …?

Sie: Kreativ bestimmt.

Therapeutin: Warum?

Sie: Er hat mal einen Workshop zum Bauchredner gemacht.

Therapeutin: Tatsächlich?

Sie: Ja. Und vor ein paar Jahren war er norddeutscher Vizemeister im Luftgitarrespielen. Ohne Kreativität könnte er auch in seinem Beruf nicht so aufgehen. Seine Arbeit ist sein Baby.

Therapeutin: Sein Baby …

Sie: Ja, ich meine, was ihn antreibt, ist sein Idealismus. Er gibt alles, weil er etwas bewegen will. Und nicht nur, um gut zu verdienen.

Therapeutin: *(sieht in ihre Aufzeichnungen)* Er ist in führender Position bei einem Toiletten… ähm, Sanitäts… Sanitärkonzern.

Sie: Er will Impulsgeber sein für ein neues, ökologisches Denken.

Therapeutin: Das gefällt Ihnen?

Sie: Ja, das finde ich klasse. Deshalb konnte ich vieles hinnehmen. Die Meetings … mal Hanoi, mal Singapur.

Therapeutin: Bis das Kinderthema kam.

Sie: *(nickt)* Ich wusste, dass er keins will … und hab's trotzdem nicht richtig … Man kann doch nicht sein ganzes Leben vorausdenken. Jedenfalls kann ich das nicht.

Therapeutin: Gott sei Dank können wir das nicht. *(sieht auf ihre Uhr)* Frau Winkler, jetzt ist uns doch die Zeit ein bisschen weggerannt. Wir sehen uns nächsten Mittwoch?

Sie: *(Pause)* Ich hab's vermasselt. – Richtig?

Therapeutin: Was?

Sie: Sie haben sicher eine Art Konzept, nach dem Sie vorgehen. Das dürfte heute nicht aufgegangen sein. Also war's bestimmt nicht schön für Sie.

Therapeutin: Ich bin nicht hier, um es schön zu haben. *(lächelt, dann ernst)* Die Angst, andern was zu vermasseln, steckt ganz tief in Ihnen.

Sie: *(nickt)*

Therapeutin: Wie ging's Ihnen in den ersten Minuten?

Sie: Als ich reinkam?

Therapeutin: Mm.

Sie: Ich hab noch nie Therapie gemacht.

Therapeutin: Was haben Sie gedacht?

Sie: *(aufrichtig)* Ich dachte: In meiner Familie gibt's Ärzte und ich tauge nicht zur Patientin.

Therapeutin: Sehen Sie mal: Wir sind mittendrin! Überhaupt nix vermasselt.

Sie: Darf ich trotzdem wissen, was Sie eigentlich noch vorhatten, ich meine planmäßig.

Therapeutin: Therapie funktioniert nicht nach Plan. Wenn noch Zeit gewesen wäre: Rollentausch. Sie hätten sich auf den anderen Stuhl gesetzt und aus Holgers Sicht Marina vorgestellt.

Sie: Holger, neben Ihnen sitzt Marina. Was ist das für eine …?

Therapeutin: Mm, so ungefähr.

Beide: *(stehen auf, um sich zu verabschieden)*

Therapeutin: Wie geht's Ihnen jetzt?

Sie: Ich freue mich, dass ich mich getraut habe. *(will gehen)* Tschüss.

Therapeutin: Tschüss. – Frau Winkler?

Sie: *(dreht sich noch mal um)* Ja?

Therapeutin: Ich hab mich auch gefreut.

(Die Rückblende ist beendet. »Sie« und »er« nehmen ihre vorherigen Positionen wieder ein.)

Er: Darf ich zu Holger noch was fragen?

Sie: Mhmm.

Er: Habt ihr noch Kontakt?

Sie: Kaum noch, seit er in Bergedorf wohnt.

Er: Er wohnt auch in Bergedorf?

Sie: Ja, irgendwie hab ich's mit euch Bergedorfern. Wahrscheinlich hab ich in einem früheren Leben da mein Unwesen getrieben.

Er: Bei mir in der Nachbarschaft wohnt ein Porsche-Heini, der heißt auch Holger, aber das … *(mit Nachdruck)* das kann er nicht sein. Holger Stahlmann oder so ähnlich.

Sie: Grahlmann.

Er: Oder Grahlmann.

Sie: Das ist er.

Er: Wer?

Sie: Mein Mann. Ex-Mann.

Er: Nein.

Sie: Doch, das ist er.

Er: Dieser Holger Stahlmann ... Grahlmann?

Sie: Ja.

Er: Das ist dein Mann?!

Sie: Ja.

Er: Ach, komm, das gibt's doch nicht!

Sie: Doch, das gibt's.

Er: Wo genau wohnt er? Welche Straße?

Sie: Jepsenweg. Nummer 5. Wohnen sie. Beide. Er und seine ... Neue.

Er: Ich werd verrückt. Er ist es.

Sie: Seid ihr euch mal begegnet?

Er: Samstags ... vormittags im Supermarkt. Wenn mein Sohn bei mir ist, stehen wir immer zur gleichen Zeit auf. Und dann trifft man natürlich öfter mal dieselben Leute.

Sie: Beim Einkaufen.

Er: Ja.

Sie: Und ihr unterhaltet euch?

Er: Man kennt sich vom Sehen und wechselt ein paar Worte.

Sie: Worüber?

Er: Wie »worüber«? Über gar nichts.

Sie: Was ihr sagt, ist ohne Inhalt?

Er: Ja, völlig.

Sie: Aber in eurer Konversation …

Er: Es ist nicht mal ne Konversation.

Sie: … eurer Konversation, die man kaum als solche bezeichnen mag und die zudem völlig ohne Inhalt ist, ist es schon so, dass ihr Wörter verwendet, die ihr laut aussprecht. Ihr könnt euch selbst beim Reden zuhören.

Er: Wir reden nicht richtig.

Sie: Ach so, die Wörter, die ihr benutzt, stehen in keinem Sinnzusammenhang. Ihr bildet keine Sätze.

Er: Marina!

Sie: Ach so, wortlos. Eine Art Gebärdensprache.

Er: Marina!

Sie: Ich versuche nur gerade, mir das vorzustellen. Oder macht ihr nur Töne?

Er: Marina, was soll das?!

Sie: Na ja, du sprichst doch nicht beim Einkaufen einfach so einen Mann an, den du vom Sehen kennst. *(Pause)* Und wieso meintest du erst, das kann er nicht sein?

Er: Jetzt wissen wir ja, dass er es ist.

Sie: Ja, aber du hast das so komisch gesagt. Als ob es völlig abwegig wäre, dass er es ist.

Er: Ist doch auch ein irrer Zufall. Oder nicht?

Sie: Holger hat noch nie eingekauft. Er weiß gar nicht, wie das geht.

Er: Irgendwann ist's immer das erste Mal.

Sie: Irgendwas stimmt hier nicht, Carsten. Und ich will wissen was! Hat er dich beauftragt, mich anzurufen, um mich auszuspionieren?

Er: Quatsch!

Sie: Was dann? *(Pause)* Okay, ich zähle bis drei. Wenn ich dann nicht weiß, was hier gerade gespielt wird, leg ich auf. Und das meine ich bitterernst! Eins – zwei – drei. *(sie legt auf)*

Er: *(einen Tick zu spät)* Okay!

Sie: *(läuft aufgeregt im Abteil hin und her, dann leise zu sich selbst)* Oh nein. Oh Scheiße. Komm, Carsten … Gnade vor Recht. Es tut mir leid. Komm …

Er: Komm ... du siehst die Nummer im Display ... 0160/488 09 61 ... Es ist nicht schwer, du schaffst das.

Sie: 0173/74 11 56. Ganz einfach, das kann sich jeder merken. Komm ...

Er: 0160/488 09 61. Komm ... 488 ... 8 ist das Doppelte von 4 und das zweimal ... Du bist Mathelehrerin!

Sie: 0173/74 11 56. Ich komm auch ins Café oder wohin du willst.

(Black. Ein Spot wirft einen Lichtkegel in die Mitte des Bühnenrandes.)

Er: *(tritt ins Licht)* Ich hab's kommen sehen! Ich habe kommen sehen, dass sie mich irgendwann im Laufe dieses Gesprächs anzählt. Und vergessen hat, dass sie früher immer bis fünf gezählt hat, manchmal sogar bis fünfeinhalb. Sie hat es vergessen. Sie hat mich vergessen. – Ich kann meine Aufmerksamkeit auf andere Gedanken umleiten, wenn der derzeitige – also der, den ich aktuell denke – unerträglich geworden ist. Das funktioniert. Die Ausweichgedanken befassen sich mit Banalitäten. Zum Beispiel, dass ich Spätentwickler war, auch körperlich, und dass ich das für einen Spätentwickler sehr schnell erkannt habe. Oder dass ich bei Klassenfahrten nur wegen des Zuschusses mitgefahren bin, man konnte nicht zu Hause bleiben und sich das Geld in bar auszahlen lassen, ich habe das explizit nachgefragt, denn im hinteren Teil des Busses, und ich saß immer hinten, roch es nach Prinzenrolle und Apfel, zumindest bis zu den Kasseler Bergen, da fingen die ersten Mädchen an zu kotzen ... Die ganze Klasse versank im beißenden Prinzenrollen-Apfel-Smog ... Ich habe erst mit achtzehn so richtig zugelegt, und auch mit den Mädchen, also mit ... ihr *(deutet nach hinten auf »sie«)*. Die Klassenfahrten hatten mich traumatisiert. Ich hatte mich schon damit abgefunden, ins Kloster zu gehen oder alternative Lebensformen jenseits der Begierde in Betracht zu ziehen und mich zum Beispiel wieder meiner Eisenbahn zuzuwenden, die sich nach Jahren auf dem Dachboden auch irgendwie allein gefühlt haben muss. – Ich habe immer gedacht, ich bin anders als alle anderen. Die ganze Menschheit ist irgendwie emotional miteinander verwoben, sie ist sich einig, vor allem in ihrer Meinung über mich; alle bilden ein Kollektiv, eine selbstverständliche, der menschlichen Natur innewohnende Zusammengehörigkeit – und ich bin die andere Gruppe. Ich ganz allein bin die andere Gruppe. *(Er starrt einen Moment resigniert ins Publikum, dann hellen sich seine Gesichtszüge langsam auf.)*

(Die Bühne wird wieder hell. Er tritt an die vorherige Position zurück und wählt ihre Nummer ... einen Tick zu spät, denn ...)

Sie: Ja, Carsten! ... Mama!! Oh, Mama, ich kann jetzt nicht ... Ja, ja, ich weiß, dass lange besetzt war, du musst die Leitung auch bitte gleich wieder frei machen. Ich erklär es dir später, sei nicht böse, ja. Hab dich lieb!

Er: *(wählt ihre Nummer erneut)*

Sie: Ja, Carsten?!

Er: Ich dachte, ich ruf jetzt immer mal in kürzeren Intervallen an.

Sie: *(erleichtert)* Ich dachte schon, du machst Ernst!

Er: Du hast doch aufgelegt.

Sie: Red dich nicht raus.

Er: Eben war besetzt. Oder haben wir gleichzeitig …?

Sie: Das war meine Mama.

Er: Caro.

Sie: Ja.

Er: Ich mochte sie immer gerne.

Sie: Sie dich auch. – Du wolltest mir was erzählen.

Er: Ich weiß nicht, ob es gut ist …

Sie: Ich höre. – Ich höre!

Dame im Nebenabteil: Wir wollen wissen, was hier gespielt wird.

Er: Er hat meistens ein Kind an der Hand. *(eilig)* Das muss natürlich gar nichts heißen, ich mein, es muss ja nicht seins sein.

Sie: Wie »nicht seins«? Meinst du, er geht mit fremden Kindern spazieren oder was?

Er: Nein, ich mein, <u>sie</u> wird das Kind in die Beziehung mitgebracht haben. Es sieht ihm auch überhaupt nicht ähnlich … vor allem im Gesicht.

Sie: Ich hab sie nie gesehen, aber sie hatte kein Kind. Jedenfalls war davon nie die Rede.

Er: Es kann ja auch sein, dass das Kind …

Sie: *(ironisch)* Es ist das Kind seiner Nachbarin!

Er: *(erkennt die Ironie nicht)* Ja!

Sie: Eine alleinerziehende Krankenschwester, die nach ihren Nachtwachen ausschlafen muss.

Er: Ja!

Sie: *(laut)* Carsten!!! *(Pause)* Wie alt ist das Kind?

Er: Weiß ich doch nicht.

Sie: Ihr seid ... über ... über die Kinder ins Gespräch gekommen. – Du warst mit deinem Sohn da und er ... *(Pause)* Hat er dich zuerst angesprochen oder du ihn?

Er: Ich ihn.

Sie: Wieso ... was hast du gesagt?

Er: Nichts.

Sie: Nichts?

Er: Ja.

Sie: Du kannst jemanden ansprechen, ohne etwas zu sagen? Das ist ja toll.

Er: Ich meine, das ist doch völlig egal. Wozu willst du das wissen?

Sie: Wenn es völlig egal ist, kannst du es ja sagen.

Er: Ich versteh bloß nicht, wozu das gut sein soll.

Sie: *(verliert langsam die Geduld)* Irgendwas muss dich doch motiviert haben, ihn anzusprechen, Herr Gott noch mal! Du könntest zum Beispiel gesagt haben: »Hi, sind Sie nicht der Nachbar mit dem Porsche? Wissen Sie, wenn Sie beim Einkaufen so lässig an der Käsetheke stehen, frage ich mich jedes Mal: Wie kriegt der bloß seinen Einkauf und diesen süßen Fratz, der ihm nicht ähnlich sieht, vor allem im Gesicht, in seine flachgelegte Angeberkarre?«

Er: Nein, so war's nicht.

Sie: Wie dann? Los! Ich will auch wissen, wie man beim Einkaufen mit einem Kerl ins Gespräch kommt!

Er: Ich hab gesehen, dass die ... Kleine ... Rötungen in den Armbeugen hatte und ... hab ihm ein homöopathisches Mittel empfohlen, das bei meinem Sohn ganz gut geholfen hat.

Sie: Aha. – Er hat es ... an der Hand?

Er: Hm?

Sie: Das Kind ... an der Hand?

Er: Ja.

Sie: Das Kind ... die Kleine ... kann schon laufen?

Er: Ja.

Sie: *(bricht in Tränen aus)*

Er: *(versteht den Ausbruch nicht)* Ist doch schön.

Sie: Schön?!

Er: Ja, ist doch schön, wenn es schon laufen kann.

Sie: Wenn es laufen kann, ist es ein Jahr alt! Mindestens!

Er: Und?

Sie: Und das heißt, dass Holger nahtlos das Bett gewechselt hat! ... Nein! Nein! Das reicht bestimmt gar nicht!!! Es wird schon vorher, ich meine, als wir noch ... oh Gott!!!

Er: Oh Scheiße ...

(Black. Ein Spot wirft einen Lichtkegel in die Mitte des Bühnenrandes.)

Er: *(tritt ins Licht)* Ich hab's kommen sehen! Wie damals auf dem Campingplatz in Schweden. Sternenklarer Himmel, Romantik pur. Ich sagte: »Ich möchte die ganze Nacht mit dir verbringen, ohne dich zu berühren.« Ich fühlte mich richtig gut. Sie wechselte die Gesichtsfarbe ... vor innerer Rührung. Dachte ich. Aber sie hat mich angeschrien, ich würde sie nicht als Frau wahrnehmen! Und rannte wie von der Tarantel gestochen aus dem Zelt. Ich holte sie ein und zog dieses bebende, schlotternde Etwas, das geheult hat wie ein Schlosshund, ganz behutsam an mich: »Wenn eine Frau in Not ist, bin ich nicht fern.« Und sie: »Meistens bist du auch die Ursache für die Not. Wo warst du so lange?« ... und ich: »Diese Raufbolde aus den Igluzelten haben mich angegriffen. Mit denen musste ich erst mal fertigwerden.« … und sie: »Und das ging nicht schneller?« … und ich: »Es waren auch Jungs dabei.« … und sie: »Das sind alles Jungs, das ist der Gesprächskreis ›Kirche und Homosexualität‹ oder so ähnlich.« … und ich: »Dann ist das gar keine neue Kampftechnik.« *(spielt tuntig Schlägerei)* Da musste sie lachen. In dieser Nacht habe ich keinen Zweifel mehr zugelassen, dass ich sie als Frau wahrnehme. – Es war unser einziger gemeinsamer Urlaub.

(Die Bühne wird wieder hell. Er tritt an die vorherige Position zurück.)

Sie: Siehst du, genau das meine ich, das ist so typisch für mich, für mein Leben. So was passiert nur mir. Die beiden einzigen Kerle, die mir jemals was bedeutet haben, treffen sich mit ihren Kindern beim Einkaufen und unterhalten sich angeregt von Vater zu Vater über Kindersalbe.

Er: Das ist keine Kindersalbe, das ist …

Sie: Das ist doch nun egal! In einer Millionenstadt läuft ihr euch eben mal so über den Weg. Echt, Carsten, das ist doch alles nicht normal.

Er: 1999 war ich mit zwei Freunden in Bangkok …

Sie: Mit zwei Freunden in Bangkok!

Er: Ja.

Sie: Ihr Kerle seid alle gleich! Mit dem Bumsbomber nach Bangkok und mit dem Tripper-Klipper zurück!

Dame im Nebenabteil: *(lacht)* Mit dem Bumsbomber!!

Er: Nun hör doch mal zu, ich will auf was ganz andres hinaus! Da stand mitten zwischen diesen gigantischen Wolkenkratzern ein unscheinbares kleines Häuschen mit Flachdach. An der Tür stand: »Heidi & Klaus. Deutsches Schwarzbrot wie bei Muttern.« Ich geh rein, plötzlich sagt einer: »Hallo, Carsten!« Ich dreh mich um: steht da Klaus Jochimsen.

Sie: Kenn ich nicht.

Er: Klaus war unser Linksaußen in der B-Jugendmannschaft des Bramfelder SV.

Sie: Und was willst du damit sagen?

Er: Ich will damit sagen: Da brauchen wir uns doch nicht wundern, dass ich deinen Mann kenn. – Das Kind läuft übrigens grottenschlecht. Nie im Leben ist das ein Jahr.

Sie: Soll mich das jetzt aufmuntern oder was?

Er: Nein, wirklich. Es eiert, fällt dauernd hin. Er schleift es fast hinter sich her.

Sie: Ach, dafür die Salbe.

Er: Es ist keine Salbe. – Ich bin also einer von zwei Kerlen, die dir jemals was bedeutet haben?

Sie: *(leise zu sich selbst)* Einer von zwei Kerlen, die mir jemals was bedeutet haben …

(Rückblende: »Sie« ist bei ihrer Therapeutin. Ihr Gespräch bezieht sich auf den Urlaub in der ersten Rückblende.)

Therapeutin: Und? Als er vom Meeting in Hanoi wiederkam ... waren Sie fort, wie Sie es angekündigt hatten?

Sie: Nein.

Therapeutin: War es schön, dass er wieder da war?

Sie: Er ist eigentlich immer sehr ... aufmerksam mit mir. Von Geschäftsreisen bringt er meist was Landestypisches mit. Nicht teuer unbedingt, aber liebevoll und mit Bedacht ausgesucht ... immer etwas, was zu mir passt.

Therapeutin: Wie schön.

Sie: Ja.

Therapeutin: Und dieser Fallschirmsprung war am selben Tag?

Sie: Ja. Abends.

Therapeutin: Und ... ist er abgestürzt?

Sie: *(schüttelt den Kopf)* Er ist nicht gesprungen.

Therapeutin: Er ist einfach sitzen geblieben?

Sie: Wir sind gar nicht bis zum Flieger gekommen. Auf halber Strecke hat er dem Fahrer gesagt, er soll umkehren und zum Hotel zurückfahren. – Ich habe es gleich nach seiner Rückkehr gemerkt ... Er war übermüdet und gereizt, das Meeting war ein Misserfolg ... Aber das habe ich erst später erfahren. Im Hotel ging's erst richtig los. Es dauerte eine ganze Weile, bis ich begriff, dass er <u>mir</u> die Schuld gab: <u>Ich</u> war schuld, weil ich ihm den Traum erzählt hatte! Deshalb wollte er nicht springen!

Therapeutin: Sie sind schuld. Sie sind an allem schuld. – Kommt Ihnen das bekannt vor?

Sie: *(nickt)* Mein Bruder.

Therapeutin: *(nickt)* Wenn Sie jemanden zu sehr lieben, ist es nur eine Frage der Zeit, bis er stirbt. – Das Kind ... hat gespürt, dass es einen Konflikt in Ihnen ausgelöst hat. Auch Ihre schuld. Zwei Menschen, die Ihnen nahe standen ... Alles Ihre schuld ...

Sie: *(wird sehr unruhig und rutscht auf ihrem Stuhl nervös hin und her)*

Therapeutin: Die Unruhe?

Sie: *(nickt)*

Therapeutin: Bewegen Sie sich einfach. Gehen Sie durch den Raum, wenn es Ihnen guttut.

Sie: *(nun im Raum umhergehend)* Ja, ich dachte auch irgendwann ... komisch, da sind mir mal Menschen wirklich nah ... das passiert mir ja nicht oft ... und dann verliere ich sie ... beide an einem regnerischen Sonntagnachmittag im April.

Therapeutin:	Mein Gott, Frau Winkler, was wollen Sie sich noch alles aufladen? – <u>Sie</u> haben <u>ihm</u> den Sprung vermasselt. Wie war das für Sie?
Sie:	In mir kam tierische Wut hoch.
Therapeutin:	*(nickt zustimmend)* Hm.
Sie:	Bei ihm war's nicht anders, er holte zum Rundumschlag aus: Mir würde jedes Verständnis für seinen Beruf fehlen, genau genommen rettet er die Menschheit, Wasser sei ein globales Problem … Ich kannte Holger bis dahin nur sanft und harmoniebedürftig, deshalb war die ganze Situation auch *(lacht kurz und bitter auf)* echt grotesk … *(stellt sich die Schlagzeile in der Presse vor)* »Sanitärfachmann rettet die Menschheit!« Mir muss ein Grinsen übers Gesicht gehuscht sein, denn nun war er völlig außer sich … schlug mit voller Wucht mit der Faust gegen die Wand … schrie vor Schmerz … wie im schlechten Film. Er hat mich gepackt und geschüttelt, und das tat ihm mehr weh als mir … wegen der Hand … und er hat geschrien und ich hab geschrien. Das war nicht mehr er.
Therapeutin:	*(Pause)* Das waren auch nicht mehr Sie. – Und dann?
Sie:	Wir haben uns irgendwann wieder beruhigt … und waren froh, dass nach dem ganzen Krawall nicht der Security Service angerückt ist und unser Zimmer gestürmt hat.
Therapeutin:	Sie sind nicht abgereist?
Sie:	Wir mussten noch zum Arzt … wegen der Hand.

Therapeutin: <u>Sie</u> mussten zum Arzt?

Sie: Den restlichen Urlaub hat dann jeder mehr oder weniger für sich verbracht. Wir haben uns nur noch zu den Mahlzeiten gesehen. Das Witzige war ... nein, witzig ist das falsche Wort ... dass er jetzt fast erleichtert wirkte.

Therapeutin: Erleichtert?

Sie: Ja, er strahlte eine ... eine starke, unerschütterliche Ruhe aus, als ob er sagen wollte: »Danke, dass du mir meine Freiheiten lässt. Endlich hast du begriffen, was ich brauche. Findest du es nicht auch viel schöner so?«

Therapeutin: Wie haben Sie die restliche Zeit gestaltet? – Was getrunken?

Sie: Es entspannt. Man kriegt ein herrliches Scheißegal-Gefühl.

Therapeutin: Und am nächsten Morgen ... Wie ist es da?

Sie: Beschissen.

Therapeutin: Beschissen.

Sie: Jeden Morgen beim Frühstücken trat ich sozusagen aus mir heraus. Ich beobachtete uns immer in etwa aus der Position des Nebentisches, unauffällig von der Seite, damit wir es nicht merken: Da sitzen sie wieder. Wechseln kaum ein Wort. Wie gestern. Und vorgestern. Sie sieht traurig aus. Isst kaum was. Ob sie krank ist? Und er? Merkt er gar nicht, wie schlecht es ihr geht? Komische Beziehung. Gleich wird er aufstehen und mit einem unverbindlichen Lächeln, das alles bedeuten kann, einfach weggehen. Und sie wird noch eine Weile vor sich hinstarren, dann aufs Zimmer gehen, die Vorhänge zuziehen und sich wieder aufs Bett legen. Genau wie gestern. Und vorgestern.

Therapeutin: Sie sind nicht an allem schuld.

Sie: Nein ...

Therapeutin: Sagen Sie es mal: Ich bin nicht an allem schuld.

Sie: *(leise)* Ich bin nicht an allem schuld.

Therapeutin: Ich bin nicht an allem schuld!

Sie: *(etwas lauter)* Ich bin nicht an allem schuld.

Therapeutin: Ich bin nicht an allem schuld! Und du ...

Sie: Und du ...?

Therapeutin: Beenden Sie den Satz.

Sie: Ich?

Therapeutin: *(nickt)* Ich bin nicht an allem schuld! Und du ...

Sie: Ich bin nicht an allem schuld! Und du ...

(Die Rückblende ist beendet. »Sie« und »er« nehmen ihre vorherigen Positionen wieder ein.)

Er: Marina?

Sie: Ja?

Er: Alles okay?

Sie: Ja.

Er: Du sagst gar nichts.

Sie: Entschuldige, ich … *(seufzt)* Ach, Carsten …

Er: *(einfühlsam)* Was ist?

Sie: Was bin ich nur für eine blöde Kuh.

Er: Wieso?

Sie: Du tust alles, um mich aufzuheitern, und ich … Ich hätte dich gar nicht verdient, weißt du das. Sorry, dass ich dich so angemacht habe.

Er: Ich fand's gut.

Sie: Hä???

Er: Oder sagen wir mal: Wenn es nicht gegen mich gerichtet gewesen wäre, <u>hätte</u> ich es gut gefunden.

Sie: Wieso das denn?

Er: Wenn du dich echauffierst, dann entfaltet deine Stimme einen ganz eigenen Zauber. Sie überschlägt sich beinah und du überdehnst die Vokale. Ich liebe es, wenn du die Vokale überdehnst.

Sie: *(bemerkt Fahrgäste vor ihrem Abteil)* Ups, ich glaub, ich hab auf dem Gang schon eine andächtig lauschende Fangemeinde, die wissen will, wie es weitergeht. Moment. *(sie öffnet die Abteiltür und wendet sich laut an die dortigen Fahrgäste)* Ich lass jetzt einen Zettel rumgehen, da können Sie Ihre Mailadresse eintragen. Sie erhalten dann in Kürze eine Zusammenfassung dieses Gesprächs. Vielen Dank! *(sie schließt die Tür und nimmt wieder Platz)* Komisch …

Er: Was?

Sie: Ich rede hier mit dir … wie ich mit niemandem rede. Du bist mir so nah und vertraut.

Er: Schön, dass du das sagst. Ich meine, dass du genau diese Worte benutzt. Du hast nämlich vorhin gesagt, Vertrautheit und Nähe …

Sie: … kann man nicht per Anruf reaktivieren.

Er: Weil du ganz genau weißt, dass du mir vertrauen kannst. Das weißt du, oder?

Sie: Ja, das weiß ich. – Manchmal legen Blumen beim Wachsen ein atemberaubendes Tempo vor.

Dame im Nebenabteil: *(nimmt Notizblock und Stift aus ihrer Handtasche, notiert etwas und reißt das Blatt heraus. Sie betrachtet die Notiz, dann ein prüfender Blick auf ihre Uhr. Jetzt wandert ihr Blick nervös und angespannt zwischen ihrer Notiz und der Wand zum Nebenabteil hin und her; sie ringt sichtlich mit einer Entscheidung. Schließlich verlässt sie das Abteil)*

Er: Marina?

Sie: Ja?

Er: Du weißt, was ich jetzt denke. – Oder?

Sie: Ja.

Er: Darf ich es aussprechen?

Sie: *(fängt wieder an zu heulen)*

Er: »Leg dein Gesicht in meine Hände, ganz sanft, ganz behutsam, streiche dir durchs Haar, berühre deine Augen, deine Wangen. Ich küsse dich so sanft, dass du es kaum spürst.«

Sie: *(Pause)* Ja.

Er: Dann konntest du dich einfach fallen lassen.

Sie: Ja, das konnte ich. Und es war schön, von dir berührt zu werden. – Du hattest da immer so einen metaphorischen Vergleich mit Musikinstrumenten.

Er: Menschen sind wie Musikinstrumente. Ihre Resonanz hängt davon ab, wer sie berührt.

Sie: Ja.

Er: Marina?

Sie: Ja?

Er:	Ich sage es jeden Tag. Es ist mein täglicher Wegbegleiter. Das einzig probate Mittel gegen diese … Sehnsuchtsschübe.
Sie:	Sehnsuchtsschübe. »Sehnsucht« ist mein Lieblingswort.
Er:	Ich weiß.
Sie:	Es hat so einen wunderschönen Klang. Und so einen kraftvollen Inhalt. – »Leg dein Gesicht in meine Hände …
Er:	… ganz sanft, ganz behutsam, streiche dir durchs Haar …
Beide:	… berühre deine Augen, deine Wangen. Ich küsse dich so sanft, dass du es kaum spürst.«
Sie:	Ach Mensch, jetzt heul ich schon wieder hier in der Bahn. Wollte heute eigentlich nur noch ein bisschen aufs Laufband und NAVY CIS gucken. Und jetzt das! Passt mir überhaupt nicht in den Kram.
Er:	NAVY was?
Sie:	NAVY CIS.
Er:	Kenn ich nicht.
Sie:	Du kennst nicht NAVY CIS?
Er:	Ich hab doch keinen Fernseher.
Sie:	Du hast immer noch keinen Fernseher?

Er:	Nö.
Sie:	Du kennst nicht Special Agent Leroy Jethro Gibbs?
Er:	Nö.
Sie:	Abby, McGee, DiNozzo?
Er:	Nie gehört.
Sie:	Ziva, Ducky, Director …?
Er:	Allesamt völlig unbekannt, vor allem Ziva.
Sie:	Du verpasst was, ich sag's dir, vor allem bei Ziva.
Dame:	*(öffnet »ihre« Abteiltür)* Entschuldigen Sie, dass ich Sie anspreche. *(sieht, dass »sie« geheult hat)* Ja, ja, das bewegt einen.
Sie:	*(will sich nichts anmerken lassen)* Ja, bitte?
Dame:	Ich saß nebenan und es ist etwas hellhörig. Paar Gesprächsfetzen sind zu mir durchgedrungen. Ich muss leider gleich aussteigen, meine Mutter wird sechzig. Ich hab noch kurz überlegt, weiter mitzufahren, aber sie kann sehr ungehalten sein, wenn man zu spät kommt. – Sie haben vorhin gesagt, man kriegt eine Zusammenfassung des Gesprächs, wenn man die Mailadresse abgibt. – Soll ich noch mal kommen, so tun, als wäre ich nicht schon da gewesen, und etwas ganz anderes sagen?
Sie:	*(schüttelt den Kopf)*

Dame:	*(gibt ihr ihren Zettel)* Ich hab ein gutes Gefühl bei euch beiden. Alles Gute! *(geht ab)*
Sie:	Du glaubst nicht, was ich gerade erlebt habe.
Er:	Hab's gehört. Sie hat ein gutes Gefühl.
Sie:	Ich fasse das alles nicht! Ich … ich … fasse es einfach nicht. Du reibst mich auf.
Er:	Ich hab noch nie eine aufgerieben, jedenfalls nicht vorsätzlich.
Sie:	Ich hab dich heute zweimal massiv angemacht. Und zweimal geheult. *(sie atmet tief durch)* Was willst du eigentlich mit so ner stimmungslabilen Ziege?
Er:	Dreimal massiv angemacht.
Sie:	Dreimal? Hast du ne Strichliste geführt?
Er:	Mhmm.
Sie:	Du hast ne Strichliste geführt?
Er:	Mhmm.
Sie:	Carsten, du hast nicht wirklich …
Er:	Ne Mängelliste. Zu 78% bist du perfekt. Aber die Stimmungslabilität … bedenklich, bedenklich. Ich werde Maßnahmen ergreifen, die dich entspannen. Da hab ich alle Hände voll zu tun.

Sie:	Steht dein Angebot noch?
Er:	Klar. »Ewige Liebe« ist für mich durchaus ein auf Dauer ausgerichteter Zustand.
Sie:	Das mein ich nicht, du Depp. Ich meine 15:00 Uhr, Café unter den Linden.
Er:	Yeah, dann gehörst du endlich mir allein!
Sie:	Das wüsste ich aber.
Er:	Erfüllt es dich nicht mit Stolz und Dankbarkeit, dass du mein Eigentum sein darfst?
Sie:	Nö.
Er:	*(trocken)* Das ist ja nicht so schön.
Sie:	Du bist einfach unglaublich!
Er:	Jaha, das bietet dir kein anderer Mann, das muss ich ja mal in aller Deutlichkeit sagen.
Sie:	Oh, bitte nicht »in aller Deutlichkeit«. Ich muss dann immer an Edmund Stoiber denken. Wie er sich in die Luft schraubt und dabei wie blöd mit den Armen rudert, weil er nicht weiß, wie er den angefangenen Satz zu Ende bringen soll.
Er:	Eddie, das rhetorische Wunder von der Isar; der weltweit einzige Politiker, der das gesamte Universum der Sprache in

einen einzigen Vokal zusammenfassen kann: *(imitiert Stoiber)* Iiii ... ich ... iiii ...

Sie: *(lacht, hält plötzlich inne)* Moment mal, ich überdehn doch auch die Vokale!

Er: Hm??

Sie: Du hast vorhin gesagt, ich überdehn die Vokale.

Er: Nur, wenn du dich aufregst.

Sie: Und dann hör ich mich an wie Eddy Stoiber.

Er: Nein!

Sie: Wieso, wo ist der Unterschied?

Er: Bei Eddy ist es Ausdruck von Unbeholfenheit. *(imitiert wieder Stoiber)* Iiii ... ich ... Deine Dehnungen sind ... sinnlich ... deine Lippen streicheln die Vokale und ziehen sie ganz sanft am Ohrläppchen. Eine höchst individuelle, scheinbar zufällige, kaum wahrzunehmende ... flüchtige Nuance, die ...

Sie: Okay, okay, du bist rehabilitiert.

Er: Uiii! Jetzt ging's mir echt wie Eddy. Ich wusste nicht, wie ich den Satz zu Ende bringen soll.

Sie: *(Pause, dann ernst)* Wie heißt dein Sohn?

Er: Moritz.

Sie:	Wenn ich einen Jungen bekommen hätte, hätte ich ihn Johannes genannt. Ein Mädchen wäre eine kleine Marie geworden. Aber Moritz finde ich auch sehr schön. *(Pause)* Was machen wir denn jetzt?
Er:	15:00 Uhr, Café unter den Linden. Duschen nicht vergessen.
Sie:	Steige jetzt aus der Bahn. *(sie steht auf, geht von der Bühne und nun telefonierend durchs Publikum. Drei Fahrgäste – Charlotte und Hans Würfel sowie Karl Röttger – folgen ihr, ohne dass sie es bemerkt; Auftritt aus dem Bühnen-Off)* Jetzt nur noch fünf Minuten Fußweg. *(Plötzlich eindringlich)* Carsten?!
Er:	Ja?
Sie:	Mir kommt gerade ein ungeheuerlicher Gedanke.
Er:	Welcher?
Sie:	Sieh mir in die Augen!
Er:	Durchs Telefon?
Sie:	Ja. *(Pause)* Was ist?
Er:	Wie »was ist«? Ich seh dich an, das sollte ich doch.
Sie:	Durchs Telefon?
Er:	*(imitiert Stoiber)* Iiii ... ich ... ich bin außer mir! Sie sind schlimmer als die Opposition: Reden um den heißen Brei herum, kommen nicht auf den Punkt! – Marina, ich weiß

	auch nicht, wie das durchs Telefon gehen soll. <u>Du</u> hast vor fünf Sekunden gesagt: »Sieh mir in die Augen.«
Sie:	Okay. Also, ich werde dir jetzt eine Frage stellen.
Er:	Marina ...
Sie:	Ja?
Er:	Es ist doch nicht die Frage, die eine Frau einem Mann – oder auch ein Mann einer Frau – nur ein einziges Mal im Leben stellt?
Sie:	*(lacht)* Nein, du Blödmann. – Gibt es wirklich ein Klassentreffen? Oder hast du dir das nur ausgedacht in der – und das sage ich in aller Deutlichkeit – moralisch bedenklichen Absicht, mich zu erobern??
Er:	Für wen hältst du mich?
Sie:	Eben, deshalb frage ich ja.
Er:	Ich möchte dich hiermit herzlich für Samstag, den 15. Juni um 19:00 Uhr zum Klassentreffen ins »Holstenbräu« einladen.
Sie:	*(versucht, die Enttäuschung zu überspielen)* Da bin ich ja beruhigt.
Er:	Erobert habe ich dich ja schon.
Sie:	Okay, dann will ich auch die Sonnenblumen!

Er: Du erinnerst dich an die Sonnenblumen – ein gutes Zeichen!

Sie: Na klar, du wolltest mir als Ausdruck deiner unsterblichen Liebe damals unbedingt Sonnenblumen andrehen. Also, her mit den Dingern!

Er: *(nimmt den Blumenstrauß auf und entfernt das Einpackpapier; es sind Sonnenblumen)* Deine Stimme klingt noch genau wie früher.

Sie: Nämlich?

Er: Weich und geschmeidig und trotzdem leicht rau unterlegt. Wie eine Bardame nach zwanzig Dienstjahren. Du könntest auch im Call-Center arbeiten.

Sie: Ja, ja, oder beim Telefonsex.

Er: Das hast du gesagt.

Sie: Aber dafür gibt's bestimmt keine Genehmigung. Verträgt sich nicht mit dem Berufsbild einer Lehrerin.

Er: Wieso, du würdest deine Schüler für Sprache begeistern, für klare Artikulation. Und auch für dich als Autoritätsperson. Für eine strenge Ansprache von dir würden sich die Jungs ab der siebten Klasse wahrscheinlich sogar Wartemarken kaufen. Außerdem lernen sie, »in aller Deutlichkeit« zu reden und werden vielleicht bayerischer Ministerpräsident.

Sie: Gehört dazu nicht ein bisschen mehr?

Er: Vokale überdehnen?

Sie: Zum Beispiel. Oh Mann, du bringst mich echt zum Lachen!

Er: Gut, dass es mich gibt.

Sie: Stimmt!

Er: Du meinst, ich verfüge über das Ekstasepotenzial einer angeschossenen Klosettfliege.

Sie: Genau das meine ich! So ein Satz kann nur von dir kommen. *(lacht)* Ekstasepotenzial einer angeschossenen Klosettfliege! So, bin jetzt gleich an meiner Wohnungstür. Carsten? ... Hallo? Bist du noch da? *(Pause)* Carsten ... vor meiner Tür ... meiner Tür ... der Typ ... der Typ, der da mit Handy und Blumen steht, das ...

Er: *(deutet auf die Fahrgäste)* Wer sind ... <u>die</u>?

Sie: *(bemerkt die Fahrgäste erst jetzt, zuckt mit den Schultern)*

Hans: Wir waren im selben Zug.

Charlotte: Entschuldigen Sie, wir haben auf den Zettel gewartet, den sie rumgehen lassen wollten. Für unsere Mailadressen.

Hans: Und da haben wir uns gesagt: Wir dürfen das Ende nicht versäumen!

Sie: Sie ... sind mir gefolgt?

Fahrgäste: *(nicken)*

Sie: Alle drei?

Fahrgäste: *(nicken. – Plötzlich stellen sie sich vor)*

Hans: Es war spannend. – Sie müssen Carsten sein. Freut mich. Hans Würfel.

Charlotte: Ich habe gelacht, ich habe geweint. Charlotte Würfel. Wissen Sie, wie mein Mann und ich uns kennengelernt haben? Ich … blutjunge Polizistin, drei Uhr morgens, mein allererster Einsatz bei der Fahrzeugkontrolle. Er hatte an diesem Tag Geburtstag und ein paar Sekt intus …

Hans: Aber noch unter 0,8!

Charlotte: … und nachdem er ins Röhrchen geblasen hatte, sagte ich: »Herzlichen Glückwunsch, Sportsfreund!«, und er drückte mir seine Autoschlüssel in die Hand und rannte zu Fuß nach Hause. Dabei hatte ich nur im Ausweis gesehen, dass es sein Geburtstag war.

Hans: Und am nächsten Tag hat mir diese wundervolle Frau meine Schlüssel zurückgebracht. Genau wie ich es vorhergesehen hatte.

Charlotte: So fing es bei uns an. – *(zu Hans)* Wie bitte?!

Hans: *(lacht)*

Karl: *(applaudiert, »sie« und »er« nach kurzer Irritation ebenfalls)* Karl Röttger. Ich bin Journalist. *(gibt »ihm« seine Karte)* Ich kann alle nötigen Kontakte für die Story herstellen. Rufen Sie mich einfach an. *(in sich hineinlachend)* In vielen Pissbecken ist eine Fliege ins Emaille gebrannt, die Männer zielen besser, weil sie die Fliege treffen wollen! *(lacht laut, erzählt dann seine eigene Geschichte)* Ich hatte das Fahrrad einer Bekannten geliehen und es zum Einkaufen abgestellt und abgeschlossen. Ich komm zurück, da passt der Fahrradschlüssel nicht mehr ins Schloss! Also hab ich das Rad geschultert und meiner Bekannten zurückgebracht. Die ist vor Lachen auf einem Bein gehüpft und hat immer wieder gerufen: »Das ist nicht meins! Das ist nicht meins!« Ich häng es mir also wieder um. Auf halber Strecke begegnet mir die Eigentümerin: »Na, kein Geld für ein eigenes? Kommen Sie mal mit, ich hab noch ein altes im Keller stehen.« – Jetzt sind wir zehn Jahre glücklich verheiratet. *(er gibt mit einer Verbeugung zu verstehen, dass die Geschichte zu Ende ist)*

Alle anderen: *(applaudieren)*

Charlotte: *(sieht die Blumen)* Sie sind wunderschön. *(zu »ihr«)* Manchmal legen Blumen beim Wachsen ein atemberaubendes Tempo vor.

Karl: *(zu »ihr« und »ihm«)* Vergeben Sie die Exklusivrechte nicht voreilig, nur weil ein scheinbar lukratives Angebot vorliegt. Rufen Sie mich an, ich kümmere mich um alles. *(zu »ihr«)* Ich war auch schon mit Freunden in Thailand. Passiert überhaupt nichts. *(zu »ihm«)* Jetzt halt sie bloß fest. Nicht, dass wir das in zwanzig Jahren noch mal durchmachen müssen.

Hans: *(Pause)* So, jetzt wollen wir die beiden aber allein lassen.

Charlotte: Ja, natürlich.

Fahrgäste:	Auf Wiedersehen. Und alles, alles Gute! *(sie gehen ab)*
Er:	*(lange Pause)* Waren die echt oder »Versteckte Kamera«?
Sie:	Echt. Ich glaub … echt.
Sie:	Wartest du schon lange?
Er:	*(lächelt breit)*
Sie:	*(erkennt die Doppeldeutigkeit jetzt auch)* Oh! – Ganz schön hartnäckig.
Er:	*(gibt ihr die Blumen)* Da sind sie endlich.
Sie:	Wurde auch Zeit. – Sind die schön. – Und jetzt? Soll ich ne Kleinigkeit kochen? Ach Gott, ich hab ja gar nichts im Haus.
Er:	Ich besorg schnell was … ganz schnell.
Sie:	*(schüttelt den Kopf)* Wenn du Holger triffst, quatscht ihr euch bloß wieder fest.
Er:	Café unter den Linden?
Sie:	Erst mal … duschen …

Aufführungsrechte:

MTT Marianne Terplan Theaterverlag
August-Wendel-Str. 72
40880 Ratingen
Telefon: 0211-2484203

info@mttheaterverlag.de
www.mttheaterverlag.de

Bibliografische Angaben:

Im Leda-Verlag, Leer, erschien sein Kurzkrimi »Schöne Bescherung«.

Sein Wettbewerbsbeitrag »Feindliche Übernahme« zum Literaturpreis »Der Duft des Doppelpunktes« wurde online gestellt.